自序

吾國文学史上、爱國詩篇，代有作者。然具詩豪放雄壮、感情真挚，千载之下犹振奋人心者，惟陸放翁一人而已。考放翁之身世：生長兵间，飽经乱离；意切恢复；难酬壮志；早岁因母氏之怒，鸞鳳分飞；晚年抱固窮之节，饥寒交迫。综其一生，久历人世之坎坷道路，遭遇如此，誠可悲矣。然其伟大人格，非此则无由玉成，所为詩篇，亦由此始获有生命。昔人有文人少达多窮窮而后工之論，証以放翁生平，其言良不誣也。放翁之伟大人格及光辉诗篇，数百年来，感动无数读者。忆余少時，读鉄馬秋风之作

萧果忱先生手稿

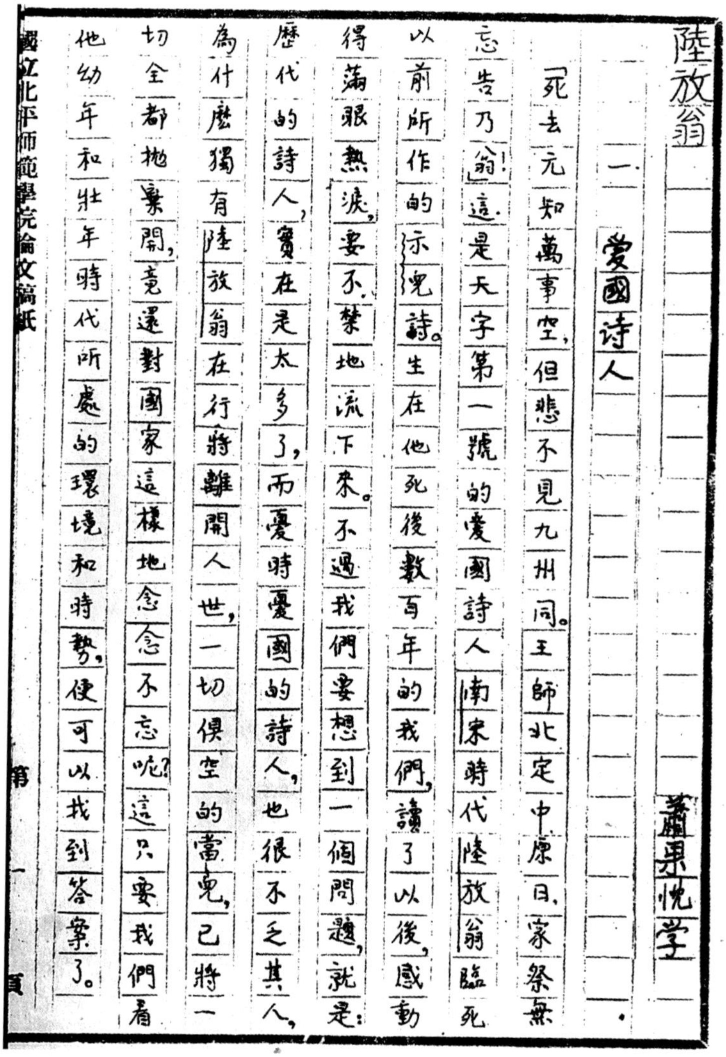

陸放翁

蕭果忱学

一、愛國詩人

「死去元知萬事空，但悲不見九州同。王師北定中原日，家祭無忘告乃翁！」這是天字第一號的愛國詩人南宋時代陸放翁臨死以前所作的示兒詩。生在他死後數百年的我們，讀了以後，感動得滿眼熱淚，要不禁地流下來。不過我們要想到一個問題，就是：歷代的詩人，實在是太多了，而憂時憂國的詩人，也很不乏其人，為什麼獨有陸放翁在行將離開人世，一切俱空的當兒，已將一切全都拋棄開，竟還對國家這樣地念念不忘呢？這只要我們看他幼年和壯年時代所處的環境和時勢，便可以找到答案了。

國立北平師範學院論文稿紙　第 一 頁

萧果忱先生手稿

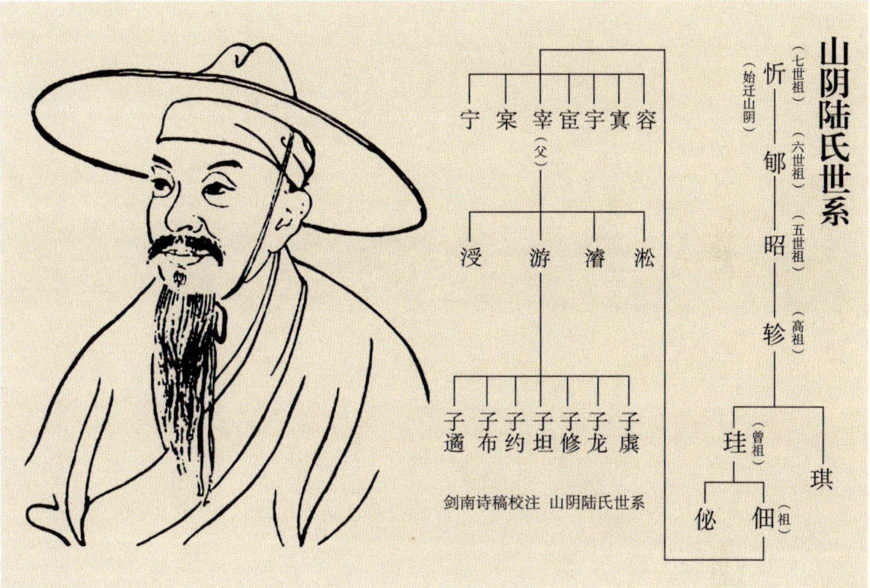
山阴陆氏世系
忻（七世祖）（始迁山阴）
郇（六世祖）
昭（五世祖）
轸（高祖）
珪（曾祖）
琪
佖
佃（祖）
宁 宲 宰 宦 宇 寘 容
（父）
浵 游 濬 淞
子遹 子布 子约 子坦 子修 子龙 子虡
剑南诗稿校注 山阴陆氏世系

沈园陆放翁世系

沈园陆放翁遗像

沈园务观堂

沈园陆放翁手书钗头凤

釵頭鳳
世情薄人情惡雨
送黄昏花易落曉
風干泪痕殘欲箋
心事獨語斜闌
難難
人成各今非昨病
魂常似秋千索角
聲寒夜闌珊怕人
尋問咽泪妝歡瞞
瞞瞞
唐琬

沈园唐琬手书钗头凤

沈园陆放翁故居模型

陸放翁晚年的生活与思想

萧果忱◎著

中国书店

图书在版编目（CIP）数据

陆放翁晚年的生活与思想/萧果忱著．—北京：中国书店，2012.7

ISBN 978-7-5149-0424-6

Ⅰ.①陆…　Ⅱ.①萧…　Ⅲ.①陆游（1125~1210）—人物研究②陆游（1125~1210）—文学研究　Ⅳ.①K825.6②I206.2

中国版本图书馆 CIP 数据核字（2012）第 153570 号

陆放翁晚年的生活与思想

著　　者：萧果忱

责任编辑：袁　瀛
装帧设计：美信书装
出　　版：中国书店
社　　址：北京市宣武区琉璃厂东街 115 号
邮　　编：100050
电　　话：010-63017857
经　　销：全国新华书店经销
印　　刷：北京集惠印刷有限责任公司
开　　本：710×1000mm　1/16
字　　数：130 千字
印　　张：13
版　　次：2012 年 8 月第 1 版　2012 年 8 月第 1 次印刷
书　　号：ISBN 978-7-5149-0424-6
定　　价：28.00 元

出版说明

萧果忱先生的遗作《陆放翁晚年的生活与思想》，是他一九四七年至一九四八年间在北平师范大学求学时，利用课余时间编写的。脱稿后，没有面世，压在了箱底。

《陆放翁晚年的生活与思想》充分揭示了上世纪三四十年代国难时期，萧先生以杰出的爱国者陆放翁为榜样自励、自况的原因，不仅适合当时的人们阅读，即使是现在的人们阅读，也是有一定积极意义的。

陆放翁的晚年，是其诗、词、文创作的大丰收阶段，也是其在著作中充分表现爱国主义思想和进德修身思想的重要阶段。所以，《陆放翁晚年的生活与思想》虽是旧作，但对当前陆放翁的研究还是具有一定参考价值的。

鉴于《陆放翁晚年的生活与思想》大量引用陆放翁的原作，而陆放翁又爱使用典故，为了方便不熟悉这些典故的读者阅读，我们主要参考钱仲联《剑南诗稿校注》的注释及字典、词典，对典故及生僻字词进行了注释。为了让读者加深理解，增进阅读情趣，我们还选编了部队离休老干部杨国兴先生的插图十幅，并为其选取、题写了陆放翁的诗句。封面插图系采用绍兴沈园陆放翁铜像摄影与题写的书名合成。

萧淑贞　萧学哲

2012.1.19

目录

自　序

吾国文学史上，爱国诗篇，代有作者。然其诗豪放雄壮、感情真挚，千载之下犹振奋人心者，惟陆放翁一人而已。考放翁之身世：生长兵间，饱经乱离；意切恢复；难酬壮志；早岁因母氏之怒，鸾凤分飞；晚年抱固穷之节，饥寒交迫。综其一生，久历人世之坎坷道路，遭遇如此，诚可悲矣。然其伟大人格，非此则无由玉成，所为诗篇，亦由此始获有生命。昔人有文人“少达多穷，穷而后工”之论，证以放翁生平，其言良不诬也。放翁之伟大人格及光辉诗篇，数百年来，感动无数读者。忆余少时，读铁马秋风之作，则气壮如山；诵锦书难托之篇，便凄然欲绝。盖放翁人格诗篇之深感余心者，由来久矣。癸未之秋，余以避寇，亡命来平。翌年，就读师范大学。每当懊丧丛脞[1]之余，辄读放翁集以自慰自解。涉览既久，粗有所获。因于课余之暇，就放翁晚年之生活与思想，分端论

① 丛脞（cuǒ）：细碎、繁琐。

述，选择编排，经岁成书。胡稚威[1]云："人无论富贵功名，离文章则其人皆死。"余每读《剑南诗稿》及《渭南文集》，辄觉其人须眉毕见，謦欬[2]俱闻，信乎放翁之以文章而不死也。今草斯篇，凡所论述，必取证原著，亦欲以此深感读者，使认识放翁人格之伟大，而动高山仰止之思。至论述穷困生活及解脱之道，亦不惮[3]词费，反复言之，则以余半生穷困，受人揶揄[4]牢骚满腹，难合时宜，欲借他人之酒杯，浇自己之垒块[5]耳。自知学识谫陋[6]，难免舛误[7]，订正补苴[8]当俟[9]异日。若夫放翁一生行事出处大节及诗文成就，他日学殖有进，当另为陆游传，详加论述，今则有志而未逮也。是为序。

民国三十七年（1948）六月

萧果忱识于北平

---

① 胡稚威：即胡天游（1696—1758），稚威其字也，浙江绍兴人。清代康乾时期的骈体文名手。

② 謦欬（qǐng kài）：咳嗽，借指谈话。

③ 惮：怕。

④ 揶揄（yé yú）：嘲笑。

⑤ 垒块：比喻郁积在心中的气愤或愁闷。

⑥ 谫（jiǎn）陋：指学识浅陋。

⑦ 舛（chuǎn）误：错误、差错。

⑧ 补苴（jū）：弥补缺陷。

⑨ 俟：等待。

一、爱国诗人

“死去元①知万事空，但②悲不见九州同③。王师④北定中原日，家祭无忘⑤告乃翁⑥！”这是天字第一号的爱国诗人，南宋时代的陆放翁临死以前所作的《示儿》诗。生在他死后数百年的我们，读了以后，感动得满眼热泪要不禁地流下来。不过我们要想到一个问题，就是：历代的诗人，实在是太多了，而忧时忧国的诗人，也很不乏其人，为什么独有陆放翁在行将离开人世，一切俱空的当儿，已将一切全都抛开，竟还对国家这样地念念不忘呢？这只要我们看他幼年和壮年时代所处的环境和时势，便可以找到答案了。

放翁名游，字务观，越州山阴（今浙江绍兴）人。生在宋徽宗宣和七年（1125），他出世的第二年，金兵便

---

① 元：同“原”。

② 但：只。

③ 九州同：全国统一。九州，古代中国所划分的九个地理区域，此处代指全中国。

④ 王师：指宋王朝的军队。

⑤ 无忘：毋忘。

⑥ 乃翁：你们的父亲。

攻破了汴都，把徽、钦二帝掳去，乘胜长驱，向南方打来。那时中国人的颠沛流离，只要看在这次抗日战争期间，我们沦陷区的同胞们，是怎样地颠连困苦，便可以想到当时的情形了。我们的诗人，便是这许多逃难者中间的一个。

他的祖父和父亲，本来都因为做官的关系，远离乡土，寄居在他方。不幸这时又遇着国家的大变，更是流离飘泊，不能安居。

等到高宗定都临安，大局略定，韩世忠和金人开战，打了几次胜仗，这时逃难的人们，才算有安身之地了。放翁就在这个时候，跟着他的父亲，回到故里山阴居住。

山阴离临安（今浙江杭州）不远，当时的所谓士大夫们，时常往来于陆家，和他的父亲谈天。每谈到国事，便义愤填膺，大骂起秦桧来。这时，放翁的年岁虽然还小，但因为常常听到这样的话，你想怎么会不受感动呢？

从他本人的个性来讲，他是一个有血性的男儿，是一个志气冲牛的堂堂大丈夫。在他年岁长大的时候，看到自己的祖国，被外族蹂躏欺侮。而当时的士大夫们，又个个都以和议为得计，只知偷安在临安，歌舞湖山，粉饰太平，有谁还知道什么是国家，什么是民族呢！以一个富有血性热爱祖国的人，看到那种腐化的情形，岂能不热血沸腾！

由于个人性格和环境的关系，使放翁成为一个极端的爱国主义者，所以他常常希望朝中出兵，向金人反攻，自己也在这洪流中，做一番英雄事业。可是那些昏聩[1]无能的执政者们，那能了解这一位“亘古[2]男儿”陆放翁呢！因为没有机会，展其长才，便使他转变成一个江湖散人，过起颓放的生涯来了。他因为不满意腐败无能的政府，和过不惯卑鄙的宦海生涯，所以从五十岁以后，他就在家时多，居官时少，真个实现起他那“丈夫[3]无苟求[4]，君子有素守，不能垂竹帛[5]，正可死陇亩[6]”（《东郊饮村酒大醉后作》）的由愤激而来的主张来了。要想了解他归休的动机，请看下面一首诗：

读书不能遂吾志，属文不能尽吾才。远游方乐归太早，大药未就老已催。结庐城南十里近，柴门正对湖山开。有时野行桑下宿[7]，亦或恸哭

---

① 昏聩（guì）：聩，瞎子。昏聩指眼睛昏花，这里是说昏庸糊涂。

② 亘古：终古，自古以来。

③ 丈夫：男子汉，诗人自称。

④ 苟求：苟，苟且、随便。

⑤ 竹帛：竹简和白绢，古代在竹简和白绢上写字，也泛指书籍、史册。

⑥ 陇亩：代指农田。“陇”同“垄”，是在耕地上培成一行一行的土埂。

⑦ 桑下宿：语出《后汉书·襄楷传》：“浮屠不三宿桑下，不欲生恩爱，精之至也。”

中途回[1]。檀公画计三十六[2]，不如一篇《归去来》[3]。紫驼之峰[4]玄熊掌[5]，不如饮豆羹芋魁[6]。腰间垒垒六相印[7]，不如高卧鼻息轰春雷。安得宝瑟五十弦[8]，为我写尽无穷哀。(《悲歌行》)

这首诗，充分地表现出悲观思想和颓废态度。但是我们的诗人，那是这样一个人！他这种态度，完全是由于“读书不能遂吾志”而外铄[9]来的，不过这由外铄而来的悲观颓废的态度，是一时的，它无论如何是掩饰不住内心的真实的热烈性格的。所以他在陇亩之中，还时时以国家为念，而发出“莫谓躬耕便无事，百年京洛[10]尚丘墟”（《题幽居壁》）的呼声来。

---

① 恸哭中途回：《晋书·阮籍传》载，阮籍“时率意独驾，不由径路，车迹所穷，辄恸哭而返”。

② 檀公画计三十六：《南齐书·王敬则传》：“檀公三十六策，走是上计。”

③ 归去来：东晋诗人陶渊明有《归去来兮辞》。

④ 紫驼之峰：杜甫《丽人行》：“紫驼之峰出翠釜。”

⑤ 玄熊掌：玄，赤黑色，也泛指黑色。意即赤黑色或者黑色的熊掌。

⑥ 羹芋魁：以芋根为羹。羹，汤粥之类的食物。芋，芋艿、芋头。魁，块根，芋之大根。

⑦ 六相印：《史记·苏秦列传》中有苏秦佩六国相印的记载。

⑧ 宝瑟五十弦：《史记·封禅书》：“太帝使素女鼓五十弦瑟，悲，故破其瑟为二十五弦。”

⑨ 铄：熔化，这里代指变化。

⑩ 京洛：京，指北宋国都汴京（今河南开封）；洛，指洛阳，北宋时把洛阳视为西京。

放翁老了，他的英雄事业，是没法实现了。可是他的豪气，却不随着年岁，也衰老起来；相反地，他的爱国思想，倒更加深起来。现在我把他晚年所作的富有爱国思想的诗，择要抄出几首来，大家看一看，我们的诗人，还怎样地关怀着祖国，是怎样地伤叹着自己。如：

> 今皇[1]神武是周宣[2]，谁赋南征北伐篇。四海一家天历数，两河百郡宋山川。诸公[3]尚守和亲策，志士虚捐少壮年。京洛雪消春又动，永昌陵[4]上草芊芊[5]。(《感愤》)

这首诗，是放翁六十岁左右的时候所作的。这时南宋正是孝宗在位，孝宗本来是一位英明的君主，很可以有些作为，对金虏大张挞伐一番。但这时朝臣仍然主和，我们的诗人，就发出“志士虚捐少壮年”的悲哀来。不久听到虏政衰乱，讨伐有期，他又眉飞色舞地写了一首诗：

> 正朔[6]今年被[7]百蛮，遥知喜色动天颜。风

---

① 今皇：指宋孝宗。

② 周宣：东周的开国帝王，周朝的中兴之主，比喻宋孝宗。

③ 诸公：指朝中掌权者。

④ 永昌陵：指宋太祖陵。

⑤ 草芊芊：草木茂盛。

⑥ 正朔：一年的第一天。古代改朝换代要改定正朔。

⑦ 被：及，到达。

雷传号临春水（自注：春水，虏都名。），貔虎[1]移军过玉关。博士[2]已成封禅[3]草，单于[4]将就会朝班。孤臣[5]老抱《周南》[6]恨，壮观空存梦想间。(《闻虏政衰乱扫荡有期喜成口号》)

这首诗，想象大军胜利和敌人屈服的情形，结果，他是失望了。在他六十二岁的时候，看到恢复无期，于是想到自己壮年时代从戎的豪壮情形，和现在的衰颓情形一对比，不免又悲愤起来，而写成了下面一首诗：

早岁那知世事艰[7]，中原[8]北望气如山[9]。楼

① 貔（pí）虎：比喻勇猛的军队，指南宋的军队。貔，传说中的一种野兽。

② 博士：古代学官名。《史记·封禅书》：“于是征儒生博士，博士七十人至乎泰山下。”

③ 封禅：古代帝王至泰山祭祀天地的典礼。

④ 单于：匈奴最高首领的称号。

⑤ 孤臣：孤忠之臣，陆游自称。

⑥ 《周南》：《诗经》十五国风之首。

⑦ 早岁那知世事艰：早岁，指青壮年时期。那，哪。世事艰，指抗金大计屡受投降派打击破坏无法实施。

⑧ 中原：指被金人占领的地区，即当时淮河以北的沦陷区。

⑨ 气如山：积愤如山一样重。诗人目睹北方大片山河被金人占领，而南宋王朝不图恢复，故有此语。气，悲愤。

船[1]夜雪瓜洲渡[2]，铁马秋风大散关[3]。塞上长城空自许[4]，镜中衰鬓已先斑。出师一表[5]真名世，千载谁堪伯仲间[6]。(《书愤》)

放翁对于旧京，非常关切。由于它的沦入敌区，就更加深他对金兵的敌忾[7]心，请看下面一首诗：

清汴[8]逶迤贯旧京，宫墙春草几番生。剖心莫写孤臣愤，抉眼[9]终看此虏平。天地固将容小丑，犬羊自惯渎齐盟[10]。蓬窗老抱横行略[11]，

---

① 楼船：高大的战船。

② 瓜洲渡：在今江苏省扬州市南，运河与长江的交汇处的长江北岸，是宋朝时的军事重镇。

③ 铁马秋风大散关：铁马，裹着铁甲的战马。大散关，亦称散关，在今陕西省。这句是写诗人乾道八年（1172）从军南郑的生活。

④ 塞上长城空自许：塞上长城，南朝宋文帝要杀名将檀道济，道济脱帻投地，愤怒地说："乃坏汝万里长城！"自许：自比，自命。

⑤ 出师一表：指诸葛亮的《出师表》。

⑥ 伯仲间：兄弟之间，意思是相差不大。

⑦ 忾（kài）：愤怒、愤恨。

⑧ 清汴：汴，即汴河。清汴，即清澈的汴河。

⑨ 抉眼：抉，剔出、剜出。

⑩ 渎齐盟：渎，轻慢不敬。齐盟，盟誓，古人盟誓必先斋戒故盟誓，也叫斋盟。这句的意思是不尊重盟誓。

⑪ 蓬窗老抱横行略：蓬窗，编蓬为窗，比喻贫寒之家。横行略，典出《史记·季布栾布列传》："上将军樊哙曰：'臣愿得十万众，横行匈奴中。'"陆游曾进言进取长安之策，无从实现，故有此言。

未敢随人说弭兵[1]。（《书愤》）

因为想到旧京宫殿的连年荒废，他悲愤地说出“剖心莫写孤臣愤，抉眼终看此虏平”，大有和金人不共戴天的气概。而“蓬窗老抱横行略，未敢随人说弭兵”二句，亦很能表现出他老年豪气未衰的气概来。还有一首《夜读兵书》，将老年豪气，表现得更是十足，现在也一并抄出来：

八月风雨夕，千载孙吴书。老病虽惫甚，壮气颇有余。长缨[2]果可请，上马不踌躇。岂惟鏖皋兰[3]，直欲封狼居[4]。万乘久巡狩，两京尽丘墟。此责在臣子，忧愧何时摅[5]！南郑筑坛场[6]，隆中顾草庐[7]。邂逅未可知，旄头[8]可扫除。

---

① 弭（mǐ）兵：平息战争。

② 长缨：《汉书·终军传》：“军自请愿受长缨，必羁南越王而致之阙下。”缨：长带子，长绳子。这句是请缨杀敌。

③ 鏖皋兰：鏖，激烈地战斗，苦战。皋兰，一说塞外河名，在陇西白石县（今甘肃省漳县西南）。

④ 封狼居：《汉书·匈奴传》：“骠骑封于狼居胥山，禅姑衍，临瀚海而还。是后匈奴远遁，而幕南无王庭。”

⑤ 摅（shū）：表示、发表。

⑥ 南郑设坛场：《史记·淮阴侯列传》：“至南郑……于是王（刘邦）欲召（韩）信拜之。（萧）何曰……择良日，斋戒，设坛场，具礼，乃可耳。王许之。诸将皆喜人人各自以为得大将，至拜大将，乃信也，一军皆惊。”

⑦ 隆中顾草庐：此句是说刘备到隆中三顾诸葛亮于茅庐事。

⑧ 旄头：《史记·天官书》：“昴头，胡星也。”代指胡人。

放翁壮志图

(《夜读兵书》)

这首诗，写得有声有色，气干云宵，把一位老英雄活现在眼前。我们读了以后，那能不击节称赏！

从上面所引的诗看起来，我们知道放翁总是不忘记讨平金人，收复失地。不过从那时的朝政和国策看起来，他虽然是“孤臣老抱周南恨”，但也未尝不知道是“壮观空存梦想间”了。所以在他高咏爱国诗，希望自己见用，讨平金人的同时，他又想出一套聊以自慰的报国办法来。请看下面的诗：

白首自知疏报国，尚凭精意祝炉熏[①]。(《书愤》)

老已忘开卷，贫犹力灌园。儿孙能继此，亦足报君恩。(《晨起》)

居家不拟依邻富，报国惟思祝岁丰。(《数日不出门偶赋》)

老负明时无补报，惟将忠敬事心君。(《仲秋书事》)

因为自己年老，不能为国效力了，就不得已用这几种事情，做为报国的办法。我们的诗人，太可怜了！太可

① 尚凭精意祝炉熏：真诚地祈祷宗泽和岳家军领导的抗金斗争取得胜利。

敬了！

无情的岁月，是不饶人的。我们的诗人，就在这躬耕陇亩、督率儿孙灌园的生活中，无声无息地老死空山了。

二、穷困生活

放翁虽然过了半世的游宦生活，可是他那种豪放的性格，对于不自由的官场生活，是太不相宜了。所以在他任蜀帅范成大的参议官时，就仗着和范有文字交情的关系，把官场的礼节，完全丢掉不讲；因此人家说他狂放，他也就索性自认为狂放，而号为放翁了。他对于卑鄙无耻的官场生活，实在看不惯，所以他的诗里曾说：“哀哉斗升禄，谄妄两凭架[1]。”（《和陈鲁山十事》）并且在《陈氏老传》一文中，还把官吏之不可为，作了一个深切的说明：

> 予尝悲世之仕者，若苟名位而已，则为负国，必无负焉[2]，则危身害家。

他既有着以上这种种的见解，所以就很肯定地说“仕宦真当弃鸡肋[3]”（《思归引》），而很早地辞官归

① 谄妄两凭架：依靠的就是谄媚和荒诞的行为。
② 焉：相当于“于此”。
③ 弃鸡肋：食之无味，弃之可惜，终将弃之的意思。

家了。

放翁本是一个“孤生尊所闻，秉节不敢渝”《书叹》的书生，在做官的时候，当然不会更不肯贪污，所以他在晚年的时候，生活异常穷困。不过放翁家庭的穷困，并不自他开始，据《宋史·陆佃传》上说：“陆佃……居贫苦学，夜无灯，映月光读书”。又说：

> 受经于王安石……适安石当国……召补国子监直讲。安石以佃不附己，专付之经术，不复咨以政。安石子雱用事，好进者坌集[1]其门，至崇以师礼，佃待之如常……哲宗立……是时更先朝法度，去安石之党，士多讳变所从。安石卒，佃率诸生供佛，哭而祭之，识者嘉其无向背……知江宁府，甫至，祭安石墓。

陆佃是放翁的祖父，由此我们可以知道，不但放翁的穷困家风，是由他祖父传来，就是他那正直不阿、秉节不渝的精神，也是由于接受了祖父的遗传而来的。

放翁怎样过着他的穷困生活呢？我们引他几首诗看一看：

> 官如枝头乾，不受雨露恩[2]。身如水上浮，

---

① 坌（bèn）集：聚集。

② 不受雨露恩句：是说干枯的枝干不能接受雨露的恩惠。

泛泛宁有根[1]。刈茆以苫屋[2]，缚柴以为门。故人分禄米，邻父饷鱼飧[3]。前门吏征租，后门质襦裈[4]。不敢谋岁月，且复支朝昏。雨余幽花坼，亦可侑清尊[5]。吾生信已乎[6]！终老此山村。

《困甚戏书》

这首诗告诉我们，放翁因为穷困的原因，住宅简陋得不像样子。因为缺乏食粮，以至故人送米，邻父给鱼，才能过活。在这种困难情形之下，偏偏县吏又到前门来征租，你想这如何得了！只有出后门暂质襦裈，换几个钱，来应付这件事情了。这种日子，真是难过的很哪！

垂老贫弥[7]甚，虚[8]教遇太平。灶闲无马穴[9]，釜冷有鱼生[10]。妾病常停织，儿饥屡辍耕。

① 泛泛宁有根句：是说漂浮在水面上没有根基。

② 刈茆以苫屋：刈，割；茆，同"茅"；苫，用茅草等遮盖。这句是说割茅草来遮盖房屋。

③ 饷鱼飧：送鱼给自己吃。

④ 质襦（rú）裈（kūn）：古代有裆的裤子。襦，短衣、短袄。裈，古时称裤子为"裈"。这句是说典当抵押衣物换钱。

⑤ 侑（yòu）清尊：劝人吃、喝。清，俭朴的意思。

⑥ 信已乎：意思是相信也就这样了。

⑦ 弥：更。

⑧ 虚：道家用语，指清静无为的内心境界。

⑨ 无马穴：马，大。大蚂蚁即马蚁，无马穴即无大蚂蚁穴。

⑩ 釜冷有鱼生：《后汉书·范冉传》："釜中生鱼范来芜。"是说长时间不做饭，锅里生出了鱼。

痴顽惟此老，未废浩歌声。(《戏作贫诗》)

他的妾，因为不能饱食，终日劳苦，以至病倒。儿子在田中耕种，因为支持不住饥饿的高压，也就不得不辍耕了。这是如何惨痛的事情！

翁老儿穷不自支，此心幸与古人期。劳兼薪水[1]奴初病，典到琴书事可知。药杵[2]无声工忍病，米囷[3]可扫耻言饥。余年有几须相守，万里烟霄付异时[4]。(《示子遹》)

琴书是放翁最爱的东西，穷到典无可典了，不得已而轮到琴书，他这时已穷到什么程度，也就可想而知了。疾病是如何的苦痛，治病是何等紧要的事情，但因为没有钱，无力治疗，而也就不得不忍痛，听其自然。在这种情形之下，忍饥自然成为常事了，但忍饥那是一件容易的事！放翁自述其忍饥的情形道：

---

① 劳兼薪水：南朝萧统《陶渊明传》："送一力给其子，书曰：'汝旦夕之资，自给为难，今遣此力，助汝薪水之劳。'"这句是说助儿子薪水之劳。

② 药杵：搅药用的有杆的铲或杵。

③ 米囷（qūn）：古代一种圆形的谷仓。

④ 万里烟霄付异时：这首诗的题目是《示子遹（yù）》，子遹是陆游的小儿子。此诗是在开禧元年（1205）秋写于山阴，子遹于本年夏赴临安铨试，至是败举而归。所以诗有"万里烟霄付异时"之语。

夜寒每达旦，怀抱安得宽。朝饥或过午，忍此良亦难。（《饥寒吟》）

灶突无烟今又惯，龟蝉与我成三友。判知青史无功名，只用忍饥垂不朽。（《长歌行》）

籴米归途午未炊[1]，家人窃闵[2]乃翁饥。不知弄笔东窗下，正和[3]渊明《乞食》诗。（《贫甚戏作绝句》）

看来忍饥虽是一件难事，可是放翁还能处之泰然。他泰然虽则泰然，但一般乡曲的俗人，很难对他同情。在心肠较为良善的一些人，看到放翁以一个读书人，末路竟到这步田地，还觉得他有些可怜。但是大多数的人就不然了。他们有的以为放翁太认死理，受罪是活该；也有的认为放翁因为读书，而贫困至此，这人太没有能力了。“野鸦无意绪，鸣噪自纷纷”（杜少陵诗句），放翁之所以为放翁，一般眼光如豆的俗人，如何能晓得！这又那能怪他们！所以放翁对于那些讥评，不但不理会，并且加强了自已的信心，他的诗里不断地说：

诗书幸有先人业，贫贱初非学者羞。（《倚楼》）

① 籴（dí）米：买米。籴，买。炊：烧火做饭。

② 窃闵：私下忧虑。

③ 和：依照他人的诗题或者诗韵作诗。

平生未省如今乐，却笑旁观误见哀。（《书喜》）

人看虽不值一钱，知我自有穹穹[1]天。（《夙兴》）

谈到这个地方，或者有人要问：“是不是因为他用度太奢，才穷困到这步田地呢？”我的回答是否定的，大家如果不相信，我再引些诗看一看：

病养精神过服药，贫知俭约胜营生。（《杂兴》）

治生何用学陶朱[2]，少许能悭[3]便有余。惜酒已停晨服药，省油仍废夜观书。（《戏作治生绝句》）

处世吾伤拙，营生汝亦疏。如谋道边舍[4]，

---

① 穹：穹隆，借指天空。

② 陶朱：《史记·货殖列传》：“范蠡既雪会稽之耻……乃乘扁舟，浮于江湖，变名易姓称……之陶为陶朱公。”后经商致富，财产巨万。

③ 悭：吝啬，这里是节俭的意思。

④ 如谋道边舍：《诗·小雅·小旻》：“如彼筑室于道谋，是用不溃于成。”意即如谋划在道边筑室，所用的材料要备足。

似信枕中书①。瓮牖②居疑泰，藜羹③食有余。晏婴元学墨④，勿负此心初。（《绝禄以来衣食愈不继小儿力图之殊未有涯予谓不若痛节用尔示以此诗》）

据此，我们知道他是在极穷困的生活中，过着极度的俭约生活。这样就使我们感觉他的生活，是更为可怜了。

以上我们把放翁生活的穷困情形，谈得不少了。可是他持什么态度来应付这穷困的环境呢？下面要分头说一说：

他的第一种应付穷困的办法是乐贫。如：

衰鬓萧然满镜霜，一菴⑤归老镜湖旁。有怀每恨交朋远，无食方知日月长。落笔未妨诗衮衮⑥，闭门犹喜气扬扬。晚来袖手蒲团稳，笑唤儿童代夜香。（《饥坐戏咏》）

---

① 似信枕中书：《汉书·刘向传》“上（皇上）复兴神仙方术之事，而淮南有《枕中鸿宝苑秘书》，书言神仙使鬼物为金之术及邹衍重道延命方。”

② 瓮牖（wèng yǒu）：瓮，一种盛东西的陶器、腹部较大。牖，窗户。这里是说用破瓮口做窗户口，代指贫穷人家。

③ 藜羹：用藜草做的羹汤。

④ 晏婴元学墨：即晏子，春秋时齐国人，他原是墨子的学生。

⑤ 菴（ān）：同“庵”，草屋，旧时文人对自己的书斋的称呼。

⑥ 衮衮：连续不断，众多。

萧然曲肱地①，自号直心翁。拙宦三灾过，劳生一笑空。新蔬经雨绿，晚稻得霜红。饱食真无事，浩歌月明中。(《贫乐》)

放翁是一个饱经忧患的人，在他大约二十岁的时候，曾被他的老太太强迫着重演过一幕《孔雀东南飞》的悲剧，和他的夫人唐氏离婚。到晚年的时候，又过起穷困的生活来。幸而他对于一切事情，很能达观，很能摆脱，因此外来的忧患才不能奈何他。“忧患如山一笑空”，他在这句诗里，把赶走忧患的法宝，老老实实地告诉我们了。

他的第二种应付穷困的办法是安贫。如：

夜寒每达旦，怀抱安得宽。朝饥或过午，忍此良亦难。饥寒诚吾忧，忧有甚饥寒。弹琴不终曲，推去发永叹。大儿破绿襦，三岁待一官。小儿学耕稼，饭牛歌夜阑②。老翁垂八十，扪壁行蹒跚。傍观勿嘲笑，穷死心所安。(《饥寒吟》)

迁善③以美身，讲学以尽性④，能为可行尔，

---

① 曲肱地：《论语·述而》：“子曰：‘饭蔬食，饮水，曲肱而枕之乐亦在此其中矣。’”意思是说这里是一块曲肱而枕乐在其中的地方。

② 夜阑：夜深。

③ 迁善：改恶从善。

④ 讲学以尽性：讲学，学习。尽性，《易·说卦》：“穷理尽性，以致于命。”

用舍①固有命。天方斫斯文②，鲁叟虚历聘③。黎元④则可哀，穷死吾何病！（《讲学》）

饥寒逼人，确乎难以忍受，但是想到自己可忧的事情，还有甚于饥寒的这一点时，他就毅然决然地表示“旁观勿嘲笑，穷死心所安”了。可是他所忧的，究竟是什么呢？我们知道，真正伟大的诗人，他们的怀抱，并不在自己一家的温饱，而是在对于天下苍生的关怀。我们先引杜工部的诗为例看一看，如：

穷年忧黎元，叹息肠内热。（《赴奉先咏怀》）

安得广厦千万间，大庇天下寒士俱欢颜，风雨不动安如山。呜乎！何时眼前突兀见此屋，吾庐独破受冻死亦足。（《茅屋为秋风所破歌》）

这些话，真是蔼然⑤仁者之言。他这种关怀大众不顾

---

① 用舍：《论语·述而》：“用之则行，舍之则藏。”

② 天方斫斯文：天，君也，王者之通称。《诗·大雅·板》：“天之方难。”斫（zhuó）：砍、削。斯文，古代的礼乐教化、典章制度，《论语·子罕》：“天之将丧斯文也，后死者不得与于斯文也。”总的意思是让君王改恶从善难。

③ 鲁叟虚历聘：鲁叟，指孔子，这句是说孔子不接受聘用。

④ 黎元：老百姓。

⑤ 蔼然：和蔼宽仁的样子。

一已的精神，恐怕就是他的诗能够不朽的基本理由罢！回头再看看陆放翁的“黎元则可哀，穷死吾何病”，和老杜的胸怀志趣，又有什么不同呢？

他的第三种应付穷困的办法是忘贫。如：

> 自许[1]山翁懒是真，纷纷外物岂[2]关身。花如解笑还多事，石不能言最可人[3]。净扫明窗凭[4]素几，闲穿密竹岸乌巾[5]。残年自有青天管，便是无锥[6]也未贫。（《闲居自述》）

这首诗说明放翁应付贫困的另一种法宝是“忘”字诀。他把纷纷的外物，看得和自己全然无关，那么贫穷和他又有什么关系呢！他把自己的一切，完全委之于命，对之毫不关心，这样他还能想到自己的穷与不穷么？

他的第四种应付穷困的办法是抗贫。如：

> 水云深处小茅茨[7]，雷动空肠惯忍饥。外物

---

① 自许：自己称许自己。

② 岂：副词，表示反问，怎么、难道。

③ 可人：使人满意、让人喜欢的人。

④ 凭：依靠。

⑤ 岸乌巾：把黑头巾掀起来，露出前额，形容豪放、洒脱、无拘束。

⑥ 无锥：即无立锥之地。

⑦ 茅茨：茅草屋顶。

不移方是学，俗人犹爱未为诗[1]。生逢昭代[2]虽虚过，死见先亲幸有辞。八十到头终强项，欲将衣钵[3]付吾儿。(《朝饥示子聿》)

仕宦不谐农失业，败屋萧萧书数箧[4]。藜羹不糁[5]未足嗟[6]，爨[7]灶无薪扫枯叶。丈夫穷空自其分，饿死吾肩未尝胁[8]，世间大有乞墦人[9]，放翁笑汝骄妻妾。(《薪米偶不继戏书》)

放翁的穷困，完全由于强项，而穷困以后，还要强项

---

① 俗人犹爱未为诗：诗写到俗人不爱的时候那才是诗，这是当时的文人们的一种看法。

② 昭代：政治清明的时代，旧时文人常以此美称其本朝。

③ 衣钵：原指佛教中师父传授给徒弟的袈裟和钵，后泛指传授下来的思想、学术、技能等。钵，陶制的器具，形状像盒而较小，用来盛饭菜茶水等。

④ 箧：小箱子。

⑤ 糁（shēn）：谷物磨成的碎粒儿。

⑥ 嗟（jiē）：又音 juē，叹息。

⑦ 爨（cuàn）：烧火煮饭。

⑧ 吾肩未尝胁：胁肩，塌肩。吾，我。意思是我没有屈服。

⑨ 乞墦（fàn）人：墦，坟墓。到墓地乞食酒食向其妻妾夸耀的人。故事见于《孟子·离娄下》：“齐人有一妻一妾而处室者，其良人出，则必餍酒肉而后返。其妻问所兴饮食者，则尽富贵也……蚤起，施从良人之所之，遍国中无与立谈者。卒之东郭墦间之祭者。乞其余，不足，又顾而之他，此其为餍足之道也。其妻归……与其妾讪其良人，而相泣于中庭，而良人未之知也，施施从外来，骄其妻妾。由君子观之，则人之所以求富贵利达者，其妻妾不羞也，而不相泣者，几稀矣！”

到底，不肯向贫困低头。“丈夫穷空自其分，”不愧有一副硬骨头，“饿死吾肩未尝胁”，实在是可以向人骄傲的事情。那些昼间乞墦，回家向妻妾骄傲的人，读了这两首诗以后，真应该羞愧死哩！

三、老尚贪书课

放翁在他的贫困环境中，所过着的种种生活，惟有读书这件事情，是让我们最注意的。因为一个人若长久地处在贫困环境中，那由贫困所引起的不良情绪，是决不会再允许他读书的；没有钱来买书，固然不能读书，而那贫困生活中所发生的种种足以使人伤心掉泪的事情，刺激得一个人，也不能再读书。可是我们的诗人怎么样呢？他不但没有受了贫困的威胁而放弃读书，相反地，他却在贫困的环境中，大读其书，很像一天不读书，一天就不能够生活，惟有读书才能抵抗忧患似的。他这种独特的精神，我们怎样给他解释呢？这完全是因为他天性中本来有着好读书的习惯，到晚年更特别地加深了癖好的缘故。他的诗里曾说：

> 平生钻故纸①，夙②好老尤笃③。（《发书画还故山戏书》）

---

① 故纸：指古书或文牍。牍，书版，书写用的狭长木片。

② 夙：早，早晨。向来，往日。

③ 笃：甚，也可解做坚定。

人生百病有已时，独有书癖不可医。（《示儿》）

由于他的读书的嗜好，随着年岁的老大，而愈加深起来，因之他收藏书籍的癖好，也随着他那读书的嗜好，成正比例地发展起来。他虽然在老病贫穷交迫的情形之下，还是不断地用厚价收书，特别是没有见到过的书。他的诗里曾说道：

春寒例谢[1]常来客，老病犹贪未见书。（《初春书怀》）

放狂泥酒都忘老，厚价收书不似贫。（《戏遣老怀》）

最可怪的，是他在困无储米，已经断炊的时候，还要买书。如：

笥[2]衣尽典仍耽酒[3]，困米无炊尚买书。（《开岁愈贫戏咏》）

读了以上所引的诗句，我们就可以知道他老人家对于

---

① 例谢：照例感谢或辞谢。

② 笥（sì）：盛饭或盛衣物的方形竹器。

③ 耽酒：沉溺于酒。

书籍是爱好到什么程度了。因为他的不断地大量收书，所以他藏书的数量，就相当地可观了。他的诗句有云：

> 有酒一樽聊自适，藏书万卷未为贫。（《遣兴》）

因为书籍太多，于是书室内到处是书。这位白发老人，就一天到晚地厕身①在乱书围里，来欣赏研读他努力收藏的成果。他作过一篇《书巢记》，记载他的书室情形，很有趣味，现在节录一段，大家欣赏欣赏。其文云：

> 陆子曰：……吾室之内，或栖于椟②，或陈③于前，或枕籍④于床，俯仰四顾，无非书者。吾饮食起居，疾痛呻吟，忧患悲叹，未尝不于书俱。宾客不至，妻子不觌⑤，而风雨雷雹之变有不知也。间有意欲起，而乱书围之，如积槁枝⑥，或至不得行，则辄⑦自笑曰：“此非吾所谓

---

① 厕身：厕，指夹杂在里面。此处极言书多，身体夹杂在书围里。

② 栖于椟（dú）：栖，床，古代的坐卧之具。椟，放书的匣子。这句指和书一起坐卧休息。

③ 陈：陈列。

④ 枕籍：相枕而卧。

⑤ 觌（dí）：见，相见。

⑥ 槁枝：枯枝。

⑦ 辄：总是、就。

巢者耶！”乃引客就观之，客始不能入，既入又不能出，乃亦大笑曰：“信乎其似巢也。”

这一段文章，把他的藏书之富、对书的爱好，和读书的癖好，作了一个综括的具体的说明。

放翁在严州（今浙江省建德市）做官的时候，曾作过一首关于读书的理想环境的诗，现在我也把它抄来。诗云：

所求衣食足，安稳住乡里。茆屋三四间，充栋贮经史。四傍设几案，坐倦时徙倚。无声九韶奏①，有味八珍②美。寝饭签帙间③，自适以须死。岂惟毕吾身，尚可传儿子。此心何时遂，感叹岁月驶。（《冬夜读书》）

这首诗是他六十三岁时所作的。前面所引的《书巢记》，是他五十八岁时在故乡山阴作的。由这首诗看来，我们知道他对他的书巢藏书的数量，或者还不大满意，所以一直到他老死以前，还是不断地买书。不过他的理想的读书环境，由前后的情形比较看起来，除去“所求衣食

① 九韶奏：《史记·五帝本纪》：“于是禹乃兴九招之乐。”司马贞索隐：“招，音韶，即舜乐箫韶九成，故曰九招。”

② 八珍：《周礼·冢宰·膳夫》：“珍用八物。”

③ 寝饭签帙间：帙，书画外面包的外套，泛指书籍。这句的意思是成了睡觉、用餐、读书的地方。

足”一点没有达到目的以外，其余的大体上是实现了。

以上说明了他很爱书，并很喜欢读书。下边我们更进一步研究一下关于他的实际的读书生活。如：

放翁白首归剡曲[1]，寂寞衡门[2]书满屋。菜羹麦饭冷不尝[3]，要足平生五车[4]读。校雠[5]心苦谨涂乙[6]，吟讽声悲杂歌哭。三仓[7]奇字已杀青[8]，九译旁行方着录[9]。有时达旦不灭灯，急

---

① 剡（shàn）曲：在今浙江省绍兴市西南九里，陆游三山别业东侧是韩家山流入镜湖的一条小溪。贺知章道士庄即在近旁，因唐玄宗赐贺知章“镜湖剡川一曲”而得名。

② 衡门：横木为门，表示住所的简陋。衡，通“横”。

③ 菜羹麦饭冷不尝：表明读书专心。

④ 五车：形容书读得多。《庄子·天下》：“惠施多方，其书五车。”

⑤ 校雠（chóu）：校对文字。左思《魏都赋》李善注：“《风俗通》曰：‘按刘向《别录》：一人读书校其上下得缪误，为校；一人持本，一人读书若冤家相对，为雠。’”

⑥ 涂乙：涂是抹去，乙是勾画，指删改文章。

⑦ 三仓：亦作“三苍”，古字书。

⑧ 杀青：古代写书用竹简，将竹烤火除去竹汗，以防虫蛀，称为杀青。

⑨ 九译旁行方着录：意思是殊方异域的书全在收藏之列。九译，多次翻译。《汉书·张骞传》：“重九译，致殊俗。”旁行，当时指外族或外国横写的书籍，《史记·大宛列传》：“画革旁行，以为书记。”著录，登记在目录上。

雪打窗闻簌簌[1]。倘年七十尚一纪[2]，坠典断编[3]真可续。客来不怕笑书痴[4]，终胜牙签新未触[5]。（《读书》）

颓然[6]乱书中，不知岁月忙，有时或得意，炙冷不暇尝[7]。（《醉赋》）

我少则嗜书，于道本无得，譬如昌歜芰[8]，乃自性一癖。老来百事废，惟此尚自力。岂惟绝庆吊[9]，乃至忘寝食。吟哦[10]杂诵咏，不觉日既夕。（《读旧稿有感》）

这位白发老人，一天到晚地独处书室，时而校雠涂乙，时而吟哦诵咏，时而执笔著述。他有意地屏绝了庆

① 簌簌：象声词，此处形容大雪落在窗户上的声音。

② 倘年七十尚一纪：意思是倘使我活到七十岁，我还有十二年的时间。尚，加。一纪，十二年。当时陆游五十八岁。

③ 坠典断编：坠典，散佚的典籍。断编，残缺不全的书籍。

④ 书痴：《新唐书·杜威传》："家世贵子弟皆喜武力独威尚文，诸兄诋为书痴。"

⑤ 终胜牙签新未触：朱翌《猗觉寮杂记》："近世讥有书不读者，多引退之《送诸葛觉诗》云：'邺侯家多书，插架三万轴。一一排牙签，新若手未触。'以言手未曾把书，故如此新耳。"

⑥ 颓然：形容败兴的样子。

⑦ 炙冷无暇尝：是冷是热也没有时间去尝。

⑧ 昌歜芰（chù jì）：昌同"菖"，昌歜即菖蒲，多年生草本植物，有辛香之气。芰，古书上指菱，果实名菱角，味美。

⑨ 庆吊：庆，祝贺婚事等。吊，悼念死者。

⑩ 吟哦：低声吟咏。

吊，并且把吃饭睡觉也常常无意地忘记。这是如何的辛勤！如何的专一！

十年灯前手自校，行间颠倒黄与朱[1]。（《雨后极凉料简箧中旧书有感》）

从这简单的诗句里边，我们更可了解他读书不但是辛勤，而且认真不苟。

老尚贪书课，黎明即下床。不惊天乍冷，更觉意差强[2]。蟾滴[3]初添水，螭炉[4]旋炷香。浮生[5]又一日，开卷就窗光。（《晨起》）

挑灯夜读书，油涸意未已，亦知夜既分，未忍舍之起。人生各有好，吾癖正如此。（《冬夜读书》）

---

① 黄与朱：古人校点书籍所用的两种颜色。

② 意差强：《后汉书·吴汉传》载，汉光武帝起兵讨伐王莽一次作战不利，诸将都很恐慌，只有大司马吴汉镇定自若，光武帝感慨地说："吴公差强人意，隐若一敌国矣。"意思是能振奋人们的意志，后用来表示尚能使人满意。

③ 蟾滴：指磨墨用的储水容器。刘歆《西京杂记》："广川王去疾，发袁盎墓，得玉蟾蜍一枚，大如拳，腹空，容五合水，光润如新，王取以为书滴。"

④ 螭（chī）炉：螭，古代传说中没有角的龙。螭炉，有龙饰的香炉。

⑤ 浮生：人生，道家认为人生在世虚浮无定，故称人生为浮生。

老尚贪书课
黎明即下床
放翁书课图

老去无他嗜，书中有独欣。月窗鸡喔喔，霜野犬狺狺[1]。虽叹吾何适，犹尊昔所闻[2]。从今倘未死，一日亦当勤。(《寒夜读书》)

发已凋零齿已疏，忍饥白首卧蜗庐[3]。风声忽轹[4]蓬窗过，夜半呼灯起读书。(《夜中起读书戏作》)

有时达旦不灭灯，急雪打窗闻簌簌。(《读书》)

以上所引，把放翁的读书时间，作了一个排列。他除去黎明下床，在白天辛苦地读书以外，还常常在夜间读书，一直读到半夜，甚至读到鸡叫。有时兴致大发，还往往在半夜起来，呼灯读书。更有时因兴之所至，便通宵不灭灯，一直读到天亮。他这种爱惜时光，刻苦读书的精神，真使我们钦佩啊！

放翁在他的读书生活中，最愉快的事情，莫过于儿子们和他志同道合，伴他读书。

况有小儿同此趣，一窗相对弄朱黄。(《初

① 狺狺（yín yín）：狗叫的声音。

② 犹尊昔所闻：《汉书·董仲舒传》：“曾子曰：‘尊其所闻，则高明矣；行其所知，则光大矣。’”

③ 蜗庐：比喻狭小简陋的房屋。《三国志·魏书·管宁传》裴松之注：“焦先等作圜舍，形如蜗牛蔽，故谓之蜗牛庐。”

④ 轹（lì）：车轧。这里指风声轧过去。

冬》)

有儿更耐穷，伴翁理遗编。(《示子遹》)

在这种情况之下，他老人家的心情，是怎样的愉快，我们真是形容不出，还是引用他自已的话来说明罢！如：

读书习气扫未尽，灯前简牍①纷朱黄。吾儿从旁论治乱，每使老子喜欲狂。不须饮酒径自醉，取书相和声琅琅②。(《示儿》)

我们读了这一段以后，就好像看见他们父子二人互相谈论，及读书声琅琅相和的情形。站在读者地位的我们，对于这种人间不可多得的幸福，仅在纸上读了一遍，已经乐得不可开交，那么当事者的陆放翁，他是如何的愉快，那就更可想而知了。我想，这位白发萧萧的老人，要大喜欲狂，要“不须饮酒径自醉”，不会是没有原因的罢！

他们父子们一同读书，有时在白天，有时在晚上。最使我们佩服的一点，是虽在饥饿的压迫之下，父子们还要忍饥读书。再一点，是放翁虽届八十高龄，依然伴着儿子们在灯下苦读。

父子共读忘朝饥，此生有尽志不移。(《诵

① 简牍（dú）：古代写字用的木简，也指文件书信等。

② 琅琅（láng láng）：象声词，这里指读书声。

书示子聿》)

白发萧萧年八十，依然父子短檠①灯。(《冬夜对书卷有感》)

父子常常共同读书，共同谈论，这样他们在父子关系以外，俨然又有了一种师友关系。

我钻故纸似痴蝇②，汝复孳孳③不少惩。父子更兼师友分，夜深常共短檠灯。(《示子聿》)

读了这首诗，就可知道他们父子间的关系，是如何的深厚和洽。“父子更兼师友分”，出自他个人口中，我们就更可知道他是充分享受了父子共读的愉快了。

放翁实际的读书生活，现在介绍完毕，由此我们已经知道他是一位喜欢收书，喜欢读书，而且很刻苦读书的老人。可是我们要问：推使放翁这样爱好书籍，喜欢读书的动力，究竟是什么呢？这一点放翁自己也有好多的说明，现在我把它归纳成三类，分别说明一下。

第一种动力，是由于书籍本身的功用，来吸引他读书。这一项，他有两首诗，作了一个很明晰的申述。如：

---

① 檠（qíng）：灯台、蜡台。

② 我钻故纸似痴蝇：《景德传灯录·福州古灵神赞禅师》：“其师又一日在窗下看经，蜂子投窗纸求出，师观之曰：‘世界如此广阔，不肯出，钻他故纸。’”痴蝇，当是“蜂子”。

③ 孳孳（zī zī）：同“孜孜”。

门前客三千[1]，帐下兵十万[2]。人生可意事，随手风雨散。不如一编书，相伴过昏旦。岂惟洗贫病，亦足捍患难。老夫垂八十，岩电尚烂烂[3]。孤灯对细字，坚坐常夜半。吾儿幸能继，书亦未残断。安知不遭时，清庙薦玉瓒[4]。不然老空山，亦足化里闬[5]。我死斯言存，观者有追叹。(《秋夜读书》)

这是说他喜欢读书的原因，是为了“洗贫病”，“捍患难”，“清庙薦玉瓒”，“空山化里闬”。

劝君莫辞酒，酒能解君愁。劝君勤采药，药可使疾瘳[6]。此外莫废书，书亦岂君误！古来败

---

① 客三千：《史记·孟尝君列传》：“孟尝君时相齐，封万户于薛其食客三千人。”

② 兵十万：《史记·项羽本纪》：“沛公兵十万在坝上。”

③ 岩电尚烂烂：《世说新语·容止》：“裴令公目王安丰，眼烂烂如岩下电。”这里陆游是说自己的眼睛尚明亮。

④ 清庙薦玉瓒：清庙，宗庙。薦，植物枯萎或指没精神。瓒，古代祭祀时用的勺子，玉瓒即玉勺子。《礼记·明堂位》：“以禘礼祀周公于大庙……灌用玉瓒大圭。”禘（dì），大祭名，古代帝王祭祀先祖的一种典礼。灌，饮，饮酒。圭，古代帝王诸侯举行礼仪时所用的玉器，上尖下方。这句是说要在宗庙里祭祀祖先。

⑤ 里闬（hàn）：闬，里巷的门，也指墙垣。

⑥ 疾瘳（chōu）：病愈、损害。

人事，正以不学故。愁去疾亦平，便腹如瓠壶[1]。努力贮万卷，无此令君愚。(《莫辞酒》)

这说明他看到“古来败人事，正以不学故”及“无此令君愚”，所以他才“努力贮万卷”。

第二种动力，是因为读书快乐，才使他努力读书。如：

茅檐一杯淡藜粥，有底工夫希鼎餗[2]。书中至味人不知，隽永[3]无穷胜粱肉。老夫享此七十年，每愧天公赋予偏。清泉洗鬴[4]煎山茗[5]，满榻[6]松风清昼眠。(《午枕》)

---

① 便腹如瓠（hù）壶：瓠，短颈大腹的葫芦。《诗·豳风·七月》：“八月断壶。”毛传：“壶，瓠也。”这句是说体胖之后腹部隆起如瓠壶。

② 鼎餗（sù）：鼎中的食物。《易·鼎卦》：“鼎折足，覆公餗。”孔颖达疏：“餗，糁也。八珍之膳，鼎之实也。”

③ 隽（juàn）永：言语诗文意味深长。《汉书·蒯通传》颜师古注：“隽，肥肉也。永，长也。”

④ 鬴（fǔ）：同“釜。”

⑤ 茗：泛指喝的茶。

⑥ 榻：长狭而低的坐卧用具。

吾生如蠹鱼[1]，亦复类熠耀[2]。一生守断简[3]，微火寒自照。区区心所乐，那顾世间笑。闭门谢俗子，与汝不同调。(《灯下读书戏作》)

因为书味隽永无穷，读了以后很快乐，所以他才肯“一生守断简”，而不顾世间的诽笑。又如：

梦回闻汝读书声，如听箫韶奏九成。(《睡觉闻儿子读书》)

老夫一饱复缪悠[4]，听儿读书宽百忧。(《苦雨叹》)

自已读书固然快乐，就是听到别人读书，也很快乐。所以在听到儿子的读书声时，很是高兴，就能“如听箫韶奏九成”，就能“听儿读书宽百忧”。

第三种动力，是书籍本身吸引他爱书、读书。这是一种“无所为而为之”的无条件的爱书读书。如：

读书乃一癖，我亦不自知。坐书穷至老，更

---

① 蠹鱼（dù）：蛀虫，蛀食衣服书籍等的小虫。

② 熠（yì）耀：光耀、鲜明。《诗·豳风·东山》：“熠耀宵行。”毛传：“熠耀，燐也，萤火也。”

③ 断简：一片片的竹简，代指书籍。竹简，古代的书写材料，用竹片削制而成。

④ 缪（móu）悠：对读书悠然神往的快乐心情。

欲传吾儿，吾儿复当传，百世以为期。君看北山公[①]，太行尚可移。(《村舍杂书》)

由于读书的原因，才使自己穷困得连饭也不能吃饱，他似乎应该把书弃之若遗了。可是他不但不和书籍绝交，并且还想把爱书的癖好传给儿孙，更希望一代一代地传下去，要“百世以为期”呢！这是为甚么？恐怕连他老人家自己也说不出所以然来吧！

又如：

北窗暖焰满炉红，夜半涛翻古桧风[②]。老死爱书心不厌，来生恐堕蠹鱼中。(《寒夜读书》)

韦编屡绝铁砚穿[③]，口诵手钞那计年。不是爱书即欲死，任从人笑作书颠。(《寒夜读书》)

他自已虽然不知道为什么要爱书，但很能意识到自己是为书而活着。如果要失去了书，这整个的世界，对于他

---

① 北山公：愚公移山的愚公。

② 夜半涛翻古桧风：夜半阅读《诗经》中的《桧风》，思绪像波涛一样翻滚。

③ 韦编屡绝：即韦编三绝，《史记·孔子世家》：“读《易》，韦编三绝。”韦编，用皮绳连缀的竹简，泛称古书籍。韦，熟牛皮革。绝，断绝。铁砚穿，铸铁的砚台磨墨也磨穿了。《旧五代史·晋臣桑维翰传》：“又铸铁砚以示人曰：‘砚弊则改而佗仕。’”佗，通“他”。

便根本失去了意义。这是因为他把书一直认为艺术品，把读书活动变成艺术活动。基于这种态度，书的价值，就和字画古董的价值，没有什么两样了。放翁这种无条件地爱书的心理，想有书癖的朋友们，是不会太隔膜的罢！

四、归休但力耕

放翁的先世，是世世务农的。到了祥符年间，他的高祖陆轸，才以进士起家，开始踏上官场。此后从他曾祖到他自己，全都是初则为贫而出仕，以后则仍退而归农的。

> 为贫出仕退为农，二百年来世世同。（《示子孙》）

他游宦半生，总是不得意，到了晚年，也就循着祖先的旧路，退而归农了。不过由官归农，的确不是一件容易的事。放翁自己，对于这一点了解得更为清楚，他说：

> 耕稼之业，一舍而去之，复其故甚难。（《陈氏老传》）

接着他又举他的家世和族党的情形作例，来证实这一种理论。他说：

> 予先世本鲁墟[1]农家，自祥符间去而仕，今且二百年。穷通显晦[2]所不论，竟无一人得归故业者。室庐桑麻果树沟池之属，悉已芜没，族党散徙四方，盖有不知所之者。过鲁墟，未尝不太息兴怀，至于流涕也。（《陈氏老传》）

看起来这件事情，是放翁最痛心的事了。痛心虽则痛心，但田园荒芜，是舍去耕稼之业的必然的结果。所以他自已也免不掉蹈他族党的覆辙。

> 上世本为农，辍耕业诗书[3]。我少学不成，固应返其初……及其乞身归，旧业已丘墟[4]。（《幽居记今昔事》）

由于他对族党不能重归故业及“旧业已丘墟”的痛心，所以他在归田以后，就努力耕稼。就他这很容易地恢复旧业来说，总算是一反其族党之所为了。不过我们要推寻他的毅然归田的根本原因，还在于他本来是一位经世家，从小时早已知道耕桑是治道的根本的缘故。基于这一

---

① 鲁墟：陆游的高祖父的故居。《嘉泰会稽志》：“山阴县，鲁墟桥，在县西北一十三里。”《山阴陆氏族谱》：“忻，字孟达……公赘居越州山阴鲁墟之李氏，隐居读书。”

② 穷通显晦：穷困、通达与显达、不顺。

③ 辍耕业诗书：停止耕种以读书为业。

④ 丘墟：废墟、荒地。这里作荒废解。

点，所以他从退休以后，才很辛勤地经营起农桑来。

> 总角[①]入家塾，学经至《豳诗》[②]。治道本耕桑，此理在不疑。今兹垂九十，谢事居海涯，戴星理农业，未叹筋力衰。(《幽居记今昔事》)
>
> 吾家世守农桑业，一挂朝衣即力耕。汝但从师勤学问，不须念我叱牛声。(《示子孙》)

曾经久历宦海，饱经沧桑的他，一旦脱离开他所最苦恼的官场，而来到田园的新环境以后，自然要免不掉有今是而昨非的想法，所以他在《读史》一诗中，曾发出“人间只有躬耕是”的呼声来。

在要叙述他的农家生活以前，我们先把他的故乡的环境，以及他的住宅的情形，说明一番。明白了他的农家生活的背景，然后对于他的实际生活，才能有澈底的了解。

放翁晚年，卜居在故乡镜湖[③]的三山，这所住宅，是他四十一岁时，以做官所得的薪俸买的。

> 予以乾道乙酉卜筑湖上。(《春尽遣怀》自注)

---

① 总角：旧时未成年人扎在头顶两旁的发髻，代指童年。

② 豳诗：豳，古地名，在今陕西郊县、旬邑县一带。豳诗，这里指《诗·豳风·七月》。

③ 镜湖：又称鉴湖，在今浙江绍兴市。

三山在山阴城南十里的地方，稽山和镜湖，把这地方点衬得既很清幽，而在民风方面，它更有着淳厚的古俗。

结庐城南十里近，柴门正对湖山开。（《悲歌行》）

昔自京口归，卜居得剡曲。地偏无市人，民淳有古俗。（《幽居记今昔事》）

关于这个地方的自然环境，放翁还有很详细的叙述，如：

吾庐烟树间，正占湖一曲。远山何所似，鬖鬌[1]千髻绿。近山近可人，连娟两眉蹙[2]。涧蟠偃[3]盖松，路暗围尺竹。（《春晚怀故山》）

根据这种描述，我们知道这一个山明水秀景物清幽的地方，对于厌弃尘嚣生活的陆放翁，过起耕读生活来，是最相宜不过的了。

---

① 鬖鬌（wǒ tuǒ）：形容发髻美好。此处以发髻的形状状写青山的美好。

② 连娟两眉蹙：连娟，司马相如《上林赋》：“长眉连娟。”郭璞注：“连娟，言曲细也。”蹙（cù），皱眉头。

③ 涧蟠（pán）偃：《法言·问神》：“龙蟠于泥，蚖其肆矣。”蚖，毒蛇。涧蟠，是指夹在两山之间的弯弯曲曲的水沟，如龙蟠虎踞。偃，仰卧。

关于他的住宅，他也有一个说明，如：

> 弊庐[1]虽陋甚，鄙[2]性颇所宜。欹倾[3]十许间，草覆实半之。碓[4]声隔柴门，绩火出枳[5]篱。缚木为彘牢[6]，附垣作鸡埘[7]。黄犊放林莽[8]，苍鹅戏陂池[9]。(《弊庐》)

这一个简单的说明，已把他的住宅的全部情形，告诉我们。我们读了以后，就好像看了一幅农家的画图，又好像身临其境地参观了一番。古人诗中有画的评语，我觉得这一段诗，很能当之而无愧。

下边我们要谈一谈他在这清幽如画的环境里，怎样过着他的农耕生活了。

放翁对于农家的一切工作，几于无所不做。他虽然是一个将近九十的老翁，但仍然很辛苦地工作着。他曾有诗说明他的辛勤情形，如：

---

① 弊庐：破旧的房子。
② 鄙：鄙人，陆游自称。
③ 欹倾：倾斜不正。
④ 碓（duì）：舂米用具，碓子。
⑤ 枳（zhǐ）：落叶灌木或小乔木。
⑥ 彘（zhì）牢：彘，猪；彘牢，猪圈。
⑦ 附垣作鸡埘（shí）：附垣，靠着墙。垣，墙。鸡埘，鸡架、鸡窝。
⑧ 林莽：草木丛生的地方。
⑨ 陂（bēi）池：池塘。陂，地势低洼处。

今兹垂九十，谢事居海涯。戴星理农业，未叹筋力衰。四月筑麦场，五月潴稻陂[1]。秉火[2]去螟蝗，磨刀剪棘茨[3]。（《幽居记今昔事》）

至于他在田园工作的情形，更有许多好诗供我们欣赏，如：

老翁老去尚何言，除却翻书即灌园。处处移蔬乘小雨，时时拾砾绕颓垣。江乡地暖根常茂，旱岁虫生叶未繁。四壁愈空冬祭近，更催稚子牧鸡豚。（《种蔬》）

小园烟草[4]接邻家，桑柘阴阴[5]一树斜。卧读陶诗未终卷，又乘微雨去种瓜。（《小园》）

村南村北鹁鸪[6]声，水刺新秧漫漫平[7]。行遍天涯千万里，却从邻父学春耕。（《小园》）

---

① 潴（zhū）稻陂：潴，水积聚的地方。陂，水边，此处指水稻田。

② 秉火：举着火、拿着火。

③ 棘茨：酸枣树的茨。棘，酸枣树。

④ 烟草：如烟似的青草，形容草的茂密。

⑤ 桑柘（zhè）阴阴：桑柘，灌木或小乔木，常有刺，桑科，亦名黄桑、奴柘。阴阴，茂密而显得幽暗的样子。

⑥ 鹁鸪（bó gū）：一种鸟，羽毛黑褐色，天要下雨或刚晴的时候，常在树上咕咕地叫，通称水鸪鸪。

⑦ 水刺新秧漫漫平：水刺新秧，新秧冒出水面像刺一样。漫漫，无边无际的样子。

拟种芜菁①已是迟，晚菘②早韭恰当时。老夫要作斋盂备③，乞得青秧趁雨移。（《蔬圃绝句》）

百钱新买绿蓑衣，不羡黄金带十围。枯柳坡头风雨急，凭谁画我荷锄归？（《蔬圃绝句》）

青青蔬甲早寒天，想象登盘已堕涎。更欲锄畦向东去，园丁来报竹行鞭。（《蔬圃绝句》）

冲雨冲风不怕寒，晚来日出短蓑干。绕畦拾块真为乐，莫作陶公运甓④看。（《蔬圃绝句》）

以上这几首诗，说明他的田园工作情形，明白如画，用不着再加什么说明，再作什么批评了。

他老人家虽然是常常辛苦地工作着，不过他终究是有年岁的人了，绝不能和那少壮的人们，一样地工作，总须要有一些休息的时间。可是因为他一来关怀园丁工作的情形，二来因为他也很喜欢田园生活，所以他虽在他的休息时间，还常到菜圃做些课耕的工作，如：

---

① 芜菁（wú jīng）：二年生草本植物，块根肉质，这种植物的块根也叫蔓菁（mán jing）。

② 晚菘：《南史·周颙传》："文德太子问颙：'菜食何味最胜？'曰：'春初早韭，秋末晚菘。'"晚菘，蔬菜名，一般指大白菜。

③ 斋盂备：斋，向僧道徒施舍饭食。盂，盛汤浆食物的器皿。这句的意思是准备食用如出家人一样的汤菜。

④ 陶公运甓（pì）：《晋书·陶侃传》："侃在州无事，辄朝运百甓于斋外，暮运于斋内。人问其故，答曰：'吾方致力中原，过尔优逸，恐不堪事。'其励志勤力，皆此类也。"陶公，陶侃。甓，砖。

蔬畦蹑屐惬幽情①，检校园丁日有程。得雨尚悭②须灌溉，我来时听桔槔声③。（《雨过行视舍北菜圃因望北村久之》）

他除去在田园工作以外，家里的好多杂事，如喂牛养鸡养猪等，也都由他担任。

村东买牛犊，舍北作牛屋，饭牛三更起，夜寐不敢熟。（《农家歌》）

稽山九十翁，病起无气力。拥杖牧鸡豚，乃是老人职。（《秋思》）

放翁农家生活的紧张的一幕，是如上所说。但除去这紧张的一幕以外，还有他的萧闲轻松的农家生活的另一页，如：

---

① 蹑屐惬（qiè）幽情：蹑，穿（鞋）。屐，有齿或无齿的木底鞋，《南史·谢灵运传》：“常著木屐，上山则去其前齿，下山则去其后齿。”惬，心里满足，称心，舒服。幽情，深情或指郁结的感情。这句话的意思是穿着古人游山留下佳话的木屐，深情地在菜畦里走着，心中很满足，很舒服。

② 悭（qiān）：欠缺，少。

③ 桔槔（jié gāo）：井上打水的用具。

数家相依倚①，百事容乞假②。薄暮耕樵③归，共话衡门④下。(《村居》)

盗息无排甲，兵消不取丁。频过斗鸡舍，闲学相牛经⑤。江浦⑥渔歌远，人家绩火青。遨游无定处，随意宿丘亭⑦。(《农家》)

东舍女乘龙⑧，西家妇梦熊⑨。翁夸酒重碧⑩，孙爱果初红。栗烈⑪三冬近，团栾⑫一笑

---

① 相依倚：互相依靠。

② 乞假：求借东西。

③ 耕樵：耕地打柴，泛指农业劳动。

④ 衡门：参见第35页注②。《诗·陈风·衡门》：“衡门之下，可以栖迟。”栖，鸟类停留、歇息。

⑤ 相牛经：《新唐书·艺文志》：“宁戚相牛经一卷。”

⑥ 江浦：江边，水边。

⑦ 丘亭：《汉书·息夫躬传》：“躬归国，未有第宅，寄居丘亭。”颜师古注：“丘，空也。”

⑧ 乘龙：《楚国先贤传》：“孙儁字文英，与李元礼俱娶太尉桓延女。时人谓桓叔元两女俱乘龙，言得婿如龙也。”

⑨ 梦熊：《诗·小雅·斯干》：“吉梦维何？维熊维罴，维虺（huǐ）维蛇。大人占之：维熊维罴，男子之祥；维虺维蛇，女子之祥。”

⑩ 重碧：酒名。杜甫《宴戎州杨使君东楼》：“重碧拈春酒。”

⑪ 粟烈：凛冽、严寒的样子，指寒气逼人。

⑫ 团栾：当为团圞（luán）。团，圆形。《说文·囗部》：“团，圜也。”《玉篇·囗部》：“团，圆也。”圞，同“圝”。《中华大字典·囗部》：“圞，俗圝字。”圝，圆也。《玉篇·囗部》：“圝，团圝也。”《集韵·桓韵》：“圝，圜也。”这就是说“团”和“圞”都是圆，故有“团栾（圞）一笑同”之句。

戴星理农业
未以筋力衰
放翁力耕图

同。营生无缪巧[1]，百事仰天公。(《农家》)

租犊畊[2]荞地，呼船取荻薪。苍头供井臼[3]，赤脚解缝纫[4]。僧乞铭师塔[5]，巫邀赛土神[6]，心常厌多事，谢病又经旬。(《农家》)

新作地炉成，蓬窗亦自明。油香荞饵脆[7]，人静布机鸣。县吏催科简，豪家督债轻。小康何敢望，生计且支撑。(《农家》)

诸孙晚下学，髻脱绕园行。互笑藏钩拙，争

---

① 缪巧：诈术和巧计。

② 畊：同“耕”。

③ 苍头供井臼：这句是说男仆舂米。苍头，男奴仆。《汉书·鲍宣传》：“苍头庐儿，皆用致富。”颜师古注：“汉名奴为苍头，非纯黑，以别于良人也。”臼（jiù），古时为舂（chōng）米在地上掘成的坑，后多用木石为之。

④ 赤脚解缝纫：这句是说女婢做衣服。赤脚，女婢。韩愈《寄庐仝》：“一婢赤脚老无齿。”

⑤ 僧乞铭师塔：指《文集》卷四十记载的僧徒乞请陆游为松原禅师塔和退谷云禅师塔撰写铭文这件事情。铭，铭文，是铸刻在器物上，以称颂功德或警戒自己的文字。

⑥ 巫邀赛土神：邀请巫师祭祀酬谢土地神。巫，巫师，指古代替人祈祷的人。赛，古代祭祀酬神的活动。《论衡·辨祟》：“项羽攻襄安，襄安无噍类，未必不祷赛也。”噍类，活人。

⑦ 油香荞饵脆：王桢《农书》：“北方多磨荞麦为面，或做汤饼，谓之河漏（饸饹），以供常食，滑细如粉。”

言斗草赢①。爷严责程课，翁爱哺饴饧②。富贵宁期汝，他年且力耕。(《农家》)

五月新麫成，六月甘瓜熟，作䴭及良时，火见金始伏。悬知桑落后③，醅面醲④如粥。再拜谢天公，无功叨美禄。(《村舍杂书》)

关于放翁的农家生活，到此为止，大体上介绍清楚。我们读了以后，觉得他的萧闲轻松的农家生活，固然可乐；而那夜半饭牛，和在田园中沾体涂足的生活，更为可乐。实在讲起来，农家生活是最富有诗意的生活，而且是最幸福的生活。我们再看陆放翁自已，对于这种生活，是表现着怎样一种情感，他的诗中有云：

① 互笑藏钩拙，争言斗草赢：藏钩、斗草俱为游戏项目。藏钩，宗懔《荆楚岁时记》："岁前又为藏彄（kōu）之戏……《艺经》庾阐则作'钩'字，其事同也。"彄，弓弩两端系弦的地方。斗草，宗懔《荆楚岁时记》："五月五日，四民并蹋百草，又有斗百草之戏。"

② 哺饴饧：含饴弄孙之意。陆游《剑南诗稿校注·甲子秋八月偶思出游……》一诗中有"小儿缘天摘列宿，老子含饴弄稚孙"之句，"老子"句的注释为：《东观汉记·明德马皇后》："穰（ráng）岁之后，惟子之志，吾但当含饴弄孙，不能复知政事。"饧，糖。穰，稻干，麦秆，代指老年。

③ 悬知桑落后：是说凭空想象在桑落酒之后。悬知，凭空想象。桑落，酒名，《水经注》："河东郡民有姓刘名堕者，宿善工酿，采挹河流，酿成芳酎（zhòu），排于桑落之辰，故酒得其名矣。"

④ 醅面醲如粥：是说没有过滤的酒味道很浓厚。醅（pēi）：没过滤的酒。醲（nóng），酒味厚。

胸中万卷书，一字用不著。归休始太息，竟是为农乐。(《秋兴》)

农家自堪乐，不是傲王公。(《农家》)

看了以上的诗句，或者有人要说："中国诗人作诗，多反言以见意，安知他不是因为怀才不遇，才故意叙述农家快乐，以自譬解?"这不要紧，我再举出他的快乐的事实来。如：

八月租税毕，社瓮[1]醲如粥。老稚相扶携，闾里[2]迭追逐。坐令百世后，复睹可封俗。君不见朱门玉食[3]烹万羊，不如农家小甑[4]吴粳[5]香。(《农家歌》)

早稻喜登场，相呼集野堂。迎霜新兔美，近社浊醪[6]香。茆屋滴残雨，竹篱围夕阳。新丰不

---

① 社瓮：祭祀土地神的节日用的酒。社，社日，即祭祀土地神的节日。《岁时广记·社日》："《统天万年历》曰：'立春后五戊为春社，立秋后五戊为秋社。'"瓮，一种盛酒的陶器，代指酒。

② 闾（lǘ）里：乡里，民间。

③ 玉食：珍美的食品。《尚书·洪范》："惟辟作福，惟辟作威，惟辟玉食。"

④ 甑（zèng）：一种古代炊具。底部有许多小孔，放在鬲上蒸食物。

⑤ 吴粳：吴地出产的粳（jīng）稻，俗称晚稻，是稻的一种。吴，指三国时东吴所属的地域。粳米，粳稻碾出的米。

⑥ 浊醪（láo）：浊酒。

须作[1]，真个是吾乡。(《邻曲小饮》)

我本杞菊家[2]，桑苎亦吾宗[3]。种艺日成列，喜过万户封[4]。今年夏雨足，不复忧螟蝗。归耕殆有相，所愿天輒从。(《村舍杂书》)

舍北作蔬圃，敢辞灌溉劳。轮囷[5]瓜瓠熟，珍爱敌豚羔。晨飧[6]戒厨人，全项净去毛。虽云发客笑，亦足慰老饕[7]。(《村舍杂书》)

舍南种胡麻，三日幸不雨。晨起新按行，已见青覆土。穷人如意少，喜色漏眉宇。儿童勿偷惰，造物不负汝。(《村舍杂书》)

读了以上各诗，我们就可以知道他是怎样地享受着他的美妙愉快的生活，更可以看出他的喜悦，是发自内心，

---

① 新丰不须作：不须作一个新丰城就高兴。《史记·高祖本纪》张守节正义："《括地志》曰：'新丰故城，在雍州新丰县西南四里，汉新丰宫也。太上皇时，凄怆不乐，高祖窃因左右问故，答以平生所好皆屠贩少年酤酒卖饼斗鸡蹴踘，以此为欢，今皆无此，故不乐。高祖乃作新丰，徙诸故人实之，太上皇乃悦。'"

② 我本杞菊家：陆龟蒙《杞菊赋序》："宅前后皆树以杞菊。"

③ 桑苎亦吾宗：《新唐书·陆羽传》："上元初，更隐苕溪，自称桑苎翁，阖门读书。"桑苎，桑树和苧麻，都是古代纺织的主要原料。也泛指农事。

④ 种艺日成列，喜过万户封：这里陆游并用历史上因养殖畜牧得以封君、种植果树得以封侯这两件事情。事见《史记·货殖列传》。

⑤ 轮囷（qūn）：盘绕屈曲的样子。这里指瓜瓠的，蔓络。

⑥ 晨飧（sūn）：早餐。飧：晚饭，泛指熟食。

⑦ 老饕（tāo）：贪食的老人。这里是陆游自我解嘲的玩笑。

决不是什么自已善自譬解的话。因为若不如此，那些琐细的愉快的事情，是不会走进他的脑海，他更不会写出这些清真美妙的好诗来。

由于他对农家生活的爱好和重视，他曾为一位姓陈的老农作过一篇传，这似乎代表着他的理想的农家生活。现在我把那文的前半篇抄来，大家看一看：

> 会稽五云乡陈氏老，年近八十。生三子，有孙数人，皆业农。惟力耕致给足，凡兼并之事，抵质贾[1]贩以取赢者，一切不为；耕桑之外，惟渔樵畜牧而已。子孙但略使识字，不许读书为士。婚姻悉取农家，非其类，皆拒不与通。室庐不妄增一椽[2]，器用皆朴质坚壮，不加漆饰，衣惟布襦屌[3]，取适寒署之宜。行之四五十年如一日。子孙亦皆化之，无违。陈氏所居，在刺涪山[4]下，地名曰南溪云。(《陈氏老传》)

因为他对于农家生活的重视，所以常常劝他的子孙，要世守先业，曾有诗说道：

---

① 贾：经商。

② 椽（chuán）：椽子，建房子用的木条，放在檩（lǐn）上架着屋面板和瓦的木条。檩，支持椽子的长型方木或圆木。

③ 布襦（rú）屌（diǎo）：布襦，布做的短衣短袄。屌，男性外阴，极言短衣短袄之短。

④ 刺涪（fú）山：山名，在今浙江省。

为贫出仕退为农，二百年来世世同。富贵苟求终近祸，汝曹切勿坠家风！（《示子孙》）

他根据自己的经验，将宦海生涯的卑鄙空虚和危机，已经认识得很清楚，不愿子孙们再走这条错误的道路，所以才盼望他们努力农桑。而他的子孙们，也很能接受他老人家的经验教训，个个都知道努力耕桑。宜乎他要拿“吾衰尚何恨，儿女解耕桑”（《闲适》）以自慰了。

五、只将闲送老（上）

放翁在他晚年的贫困生活中所过着的种种生活，除去紧张的耕读生活以外，还有他的萧闲的生活的另一面。本来一个人到了老年，他的态度，就容易走到闲适的路子上去，何况放翁具备着老庄的思想和豪放的性格，对于一切的事情，更能看得开放得下，所以他在晚年，更能优哉游哉地过着闲适的生活。但所谓闲适生活，并非仅指着萧闲的生活，就是他那些紧张的耕读生活，也具有着闲适的态度（翻阅前所录耕读生活各诗自知），不过萧闲生活中所具有的闲适色彩，更为浓厚罢了。

一个人若整天的没有事做，那是最苦恼不过的。老年的放翁固然是努力耕读，可是耕读以外的闲暇时间，他是怎样过着呢？

下面我们就要谈一谈他的消闲的办法。这些办法都是萧闲的生活，并且都具有着浓厚的闲适色彩的。

他的第一种消闲的办法是吟诗。放翁是中国文学史上的伟大诗人之一，他的作风地位和成就，都不是我们在此处所要讨论的。只就他的诗的数量来说，《剑南诗稿》八十五卷，诗将近万首，这在历代诗人中，还找不出第二个人来可以和他相比。他何以能作这么多的诗？他在什么时候来作？这倒是我们现在所要研究的问题。

他何以能作这么多的诗呢？干脆说一句，就是因为他有许多闲暇的时间。他从五十岁以后，几乎把全部的时间消磨在乡里，因之“诗情随处有，信笔自成章”（《即事》），所以他才能写出将近万首的诗来。他作诗的动机，大部分是为了消磨时光，如：

> 堪笑放翁无一事，强将诗句占年光。（《北窗睡起》）

最初是为了消遣时光而吟诗，后来吟诗成癖，又因为吟诗而把所有的闲时间，几乎全部占去。

> 题诗本是闲中趣，却为吟哦占却闲。我欲从今焚笔砚，兴来随分看青山。（《旅舍》）

无论怎么说吧，他以吟诗占却大部分的闲暇时间，是没有问题的了。

他作诗的目的，自己也有说明，如：

> 作诗未必能传后，要是幽怀得小摅[①]。（《幽居遣怀》）

---

① 摅（shū）：表示，发表，如“各摅己见”。

題詩本是閑中趣
却為吟哦佔却閑
放翁題詩圖

他作诗的目的，就是为了“幽怀得小摅”。因此之故，他的诗材，很少那些如杜少陵、元遗山、吴梅村等所咏的国家大事的题材；相反地，他所咏的尽是些“幽居”、“即事”、“即景”、“杂诗”之类。这都是为了摅幽怀，换句话说，他作诗的目的，本是为了消遣暇日，所以他也只好拿一种悠闲的态度，来咏他周围的清景和幽事。

他作诗的目的，既为了消遣时光，同时他又居多暇日，这样他才能利用他的闲暇时间，大量地作起诗来：

> 老人无日课，有兴即题诗。(《闲极有作》)
>
> 经年谢客常因醉，三日无诗自怪衰。(《五月初病体益轻偶书》)

他的第二种消闲的办法是饮酒。中国历代的诗人，是和酒分不开的。他们自己常说什么以诗酒自娱，我们要质直地说起来，这还是因为他们居多闲暇，因闲而生愁，于是乃借酒以浇愁，虽然酒是否能够遣愁还成着问题。放翁的饮酒，当亦不外这种原因。前边我们已经说过放翁晚年处境的穷困，但除去这一点以外，一切世故人情，也很有使他增加烦恼的地方。他虽然天性豁达，但对于忧患的防御，有时也失掉力量，这就不得不借助于酒了。

放翁也和其他的诗人一样，是最喜欢饮酒的。这从他的诗里就可以看得出来，如：

> 泥醉醒常少，贪眠起独迟。(《自咏》)

经年谢客常因醉，三日无诗自怪衰。（《五月初病体益轻偶书》）

他因为家贫，有时不能常饮，在这个时候，还自陈其饮酒的愿望说：

不用塞黄河①，不用出周鼎②。但愿酒满家，日夜醉不醒。不用冠如箕③，不用印如斗④，但愿身强健，朝莫⑤常饮酒。（《无酒叹》）

从以上这些零星的诗句看起来，我们知道他是最喜欢饮酒的了。

他的饮酒情形，自己也有说明，如：

晚途豪气未低摧，一饮犹能三百杯。烂烂目

---

① 塞黄河：《史记·封禅书》："黄金可成，而河决可塞，不死之药可得，仙人可致也。"

② 出周鼎：《水经注》："周显王四十二年，九鼎沦没泗渊。秦始皇时，而鼎见于斯水。始皇自以德合三代，大喜，使数千人没水求之不得，所谓鼎伏也。亦云系之未出，龙齿齧断其系。"

③ 冠如箕（jī）：《战国策·齐策》："齐婴儿谣曰：'大冠如箕，修剑拄颐。'"冠，帽子。箕，簸米或撮土用的一种器具。

④ 印如斗：《世说新语·尤悔》："周顗（yǐ）曰：今年杀诸贼奴，当取金印如斗大系肘。"

⑤ 莫（mù）：同"暮"，日落之时，傍晚。

光方似电[1]，齁齁[2]鼻息忽如雷。(《醉中作》)

由此我们可以知道，他不但喜欢饮酒，而且每次的饮量还相当地大。至于他饮酒的原因，我们从他的诗里也可以看出来，如：

陆生[3]学道欠力量，胸次[4]未能和盎盎[5]。百年自笑足悲欢，万事聊须付酣畅[6]。有时堆阜[7]起峥嵘，大呼索酒浇使平[8]。世间岂无道师与禅老，不如闭门参麯生[9]。朋旧年来散如水，惟有

① 烂烂目光方似电：参看第 42 页注③。

② 齁齁（hōu）：鼾声。韩愈《石鼎联句诗序》："道士倚墙睡，鼻息如雷鸣。"

③ 陆生：陆游自称。

④ 胸次：心情，胸怀。

⑤ 盎盎：盈溢的样子。盎，一种口小腹大的容器。

⑥ 酣畅：饮酒尽量，喝得很畅快。

⑦ 堆阜：堆积成土山。堆，堆积。阜，土山，表示多，借指忧愁如山一样。

⑧ 大呼索酒浇使平：《世说新语·任诞》："阮籍胸中垒块，故须酒浇之。"

⑨ 参麯生：参，比，并。《后汉书·戴龙传》："幽囚考掠，五毒参至。"唐人郑綮《开天传信记》载："道士叶法善，居玄真观。有朝客十余人来访，思酒饮。突有一少年傲睨直入，自称曲秀才，抗声谈论，一座皆惊。良久暂起，如风旋转。法善疑为妖魅，密以小剑击之，坠于阶下，化为一瓶美酒。众人大笑，饮之，其味甚佳。因辑其瓶曰：'曲生风味不可忘也。'后因以"曲生"或"曲秀才"作酒的拟人化称呼。曲，同"麹"、"麯"。

铛杓[1]同生死。一日不见令人愁，昼夜共处终无尤[2]。世言有毒在麴蘖[3]，腐胁穿肠凝血脉。人生适意即为之，醉死愁生君自择。(《饮酒》)

这是说，他饮酒的原因，是为了浇不平，是为了避免“愁生”。

依我们的常识判断起来，酒仅能麻醉神经，它是不会消愁的。从曹孟德的《短歌行》看来，他在“何以解忧，惟有杜康[4]”几句之后，接着就说“忧从中来，不可断绝”，诗仙李太白也说“举杯消愁愁更愁”，这不是饮酒不能消愁的很好的证明吗？我们的诗人陆放翁的用酒浇愁，是不是不明白这种道理呢？不是的！他的用酒浇愁，完全是由于愤激，是一种有意的自找的行为，希望借酒的麻醉力，暂时忘掉现世的苦恼。“世言有毒在麴蘖，腐胁穿肠凝血脉。人生适意即为之，醉死愁生君自择，”这不是一种愤激的话吗？但他的激愤是一时的，当着感情平静的时候，他也了解酒是不会消愁的，而且知道用酒消愁是有害的，如：

① 铛杓（chēng sháo）：一种烙饼用的平底锅。李白《襄阳歌》：“舒州杓，力士档，李白与尔同生死。”

② 尤：这里作抱怨、指责解。《诗·鄘风·载驰》：“许人尤之，众稚且狂。”

③ 麴蘖（qū niè）：酿酒的麴母，代指酒。

④ 杜康：传说中最早发明酿酒技术的人，这里作为酒的代称。

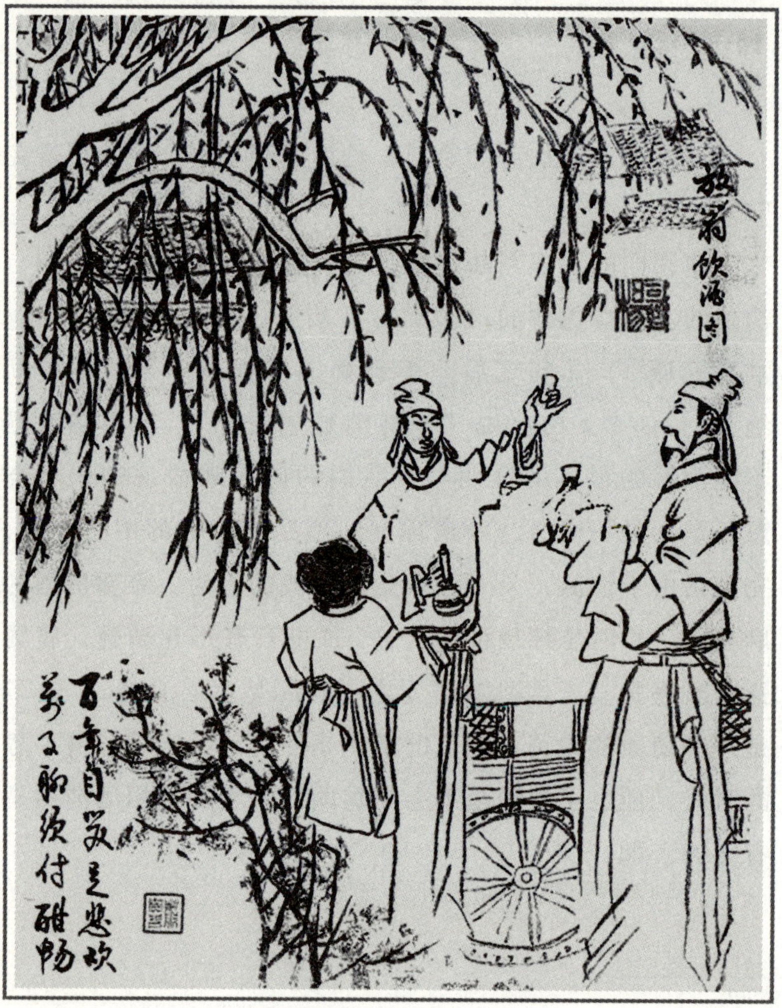
放翁饮酒图
百年自笑足悲欢
万事聊须付酣畅

酒非攻愁具，本赖以适意。(《对酒》)

用酒驱愁如伐国，敌虽摧破吾亦病。(《病酒新愈独卧苹风阁戏书》)

那么他饮酒的真意在什么地方呢？我再引两首诗看一看：

少年岂知酒，借醉以作狂。中年狂已歇，始觉酒味长。湛湛瘿樽①绿，酌以红螺觞②。醒醉不可名，兀坐③万事忘。(《杂兴》)

酒非攻愁具，本赖以适意。如接名胜游，所挹④在风味。庸子坠世纷，但欲蕲⑤一醉，曲生绝俗人，笑汝非真契⑥。(《对酒》)

这说明饮酒的真意，在适意，在领略酒味。可是若没有一种悠闲的岁月和平静的心情，这两点又哪能做得到？我想那纵酒浇愁的人们，是决不会领略到这种滋味的。

他的第三种消闲的办法是昼眠，睡眠虽然是一件很寻

---

① 瘿（yǐng）樽：古代的一种盛酒器具。

② 红螺觞（shāng）：用红螺贝壳雕刻成的酒杯。《岭表录异》："红蠃大小亦类鹦鹉螺，壳薄而红，堪为酒器。"觞，酒杯。

③ 兀坐：茫然无知的样子。

④ 挹（yì）：舀。用瓢或勺取。这里指领略酒的风味。

⑤ 蕲（qì）：求。

⑥ 契：合，投合。

常的事情，但是为世务累心的人，却不能享受那心安无梦的清福；尤其是昼眠，若没有闲暇的时间及平和的心境，是更不能领略此中三昧[1]的。陆放翁倒是很能享受这种清福的。但当他少壮的时候，由于衣食的驱迫，事实上不允许他常常这样做，一直到了晚年，他才有机会，饱享此种清福，所以他的诗里说：

平生喜昼眠，此志晚乃偿。(《竹窗昼眠》)

在他少壮的时候，虽然有时也能昼眠，但对于他所说的睡味，还不能够欣赏。直到老年能饱享昼眠的清福时，才能澈底领略。

饭香贫始觉，睡味老偏知。(《用短》)

雨声可爱秋方见，睡味无穷老始知。(《雨中作》)

关于他的昼眠的情形，我们可以再举几首诗，如：

老夫暮年少嗜好，但愿无事终日眠。斜风急雨势方横，低窗小阁且幽妍[2]。炉红酒绿足闲

---

① 三昧（mèi）：佛教用语，意思是使心情平静，杂念止息，是佛教的重要修行方法之一。这里是借指事物的诀要，如“深得其中三昧”。

② 幽妍：沉静美丽。

放翁酣睡图
饭余美睡觉

暇，橙黄蟹紫穷芳鲜。一杯一杯意忽倦，径拨纸帐投蛮毡[1]。鼻间鼾声欲撼屋，手中书册正坠前。不知校事白中圣[2]，那惜门生嘲腹便[3]。读书万卷晚乃悟，妙哉此诀秘不传。是醒是醉人莫测，非梦非觉中了然。骎骎[4]百年露电[5]速，鼎鼎[6]一世膏火煎，金丹九转[7]顾未暇，且向人间称睡仙。(《醉眠曲》)

梅黄雨足喜初晴，投枕华胥梦[8]已成。帐底

---

① 径拨纸帐投蛮毡：径，直接。蛮，泛指南方的少数民族。这句是说，（困倦了）就直接到铺着蛮毡的帐子里去睡觉。

② 不知校事白中圣：《三国志·魏书·徐邈传》："时科禁酒，而邈私饮，至于沉醉。校事赵达问以曹事，邈曰：'中圣人。'达白之太祖，太祖甚怒。度辽将军，鲜于辅进曰：'平日醉客谓酒清者为圣人，浊者为贤人。邈性修慎，偶醉言耳。'"这句说校事赵达不知白中圣，即不知道圣人是酒的代称。

③ 那惜门生嘲腹便：《后汉书·边韶传》："曾昼日假卧，弟子嘲之曰：'边孝先，腹便便。懒读书，但欲眠。'韶潜闻之，应时对曰：'边为姓，孝为字。腹便便，五经笥。但欲眠，思经事。寐与周公同梦，静与孔子同意。师而可嘲，出何典记？'"这句说哪怕弟子们（他人）嘲笑腹便便。那，疑问代词"哪"。惜，恐、怕。

④ 骎骎（qīn qīn）：形容马跑的很快的样子，比喻事物变化得很快。

⑤ 露电：《金刚般若波罗蜜经》："一切有为法，如梦幻泡影，如露亦如电，应作如是观。"

⑥ 鼎鼎：蹉跎之意。陶渊明《饮酒》："鼎鼎百年内，持此欲何成！"

⑦ 金丹九转：《云笈七籤·金丹部》："取锡十斤于铁镬熬之半日，投四蕊紫华一铢，合搅，须臾成葳蕤金……投二铢，成紫蕊玉；投三株，成玄梨绿景玉。"

⑧ 华胥梦：《列子·黄帝》："（黄帝）昼寝而梦，游于华胥氏之国。"

香云凝未散，手中书卷堕无声。簟纹[1]似水飞蝇避，鼻息如雷稚子惊。痴腹便便竟何有，已将嘲弄付诸生[2]。（《午睡》）

槐楸[3]阴里绿窗开，天与先生作睡媒。流汗未干衣上雨，大声已发鼻端雷。枕镌[4]松石分琴荐[5]，簟织风漪取笛材[6]。却起岸巾[7]看汲井，人间车马正氛埃[8]。（《午睡》）

他有时在那低窗小阁炉红酒绿的小天地里，当饮酒以后，拨帐而眠。更有时在槐楸阴里的绿窗之下，倒头便睡。看他的“鼻间鼾声欲撼屋”，“鼻息如雷稚子惊”，“大声已发鼻端雷”，他无论在什么时候、什么环境，总是睡得很美，无怪乎他要“且向人间称睡仙”了。

最让人奇怪的，是虽然他正在和客人谈话，只要睡神

---

① 簟纹：簟，竹席。苏轼《南堂》：“簟纹如水帐如烟。”

② 痴腹、已将二句：参见第78页注③。痴腹，苏轼有诗云：“莫指痴腹笑空洞。”

③ 槐楸（qiū）：落叶乔木。

④ 枕镌（juān）：枕上雕刻或刺绣上的花纹。

⑤ 琴荐：琴，古方言作种植解。《山海经·海内经》：“百谷自生，冬夏播琴。”荐，这里作草席解。

⑥ 簟织风漪取笛材：簟织，韩愈《郑群赠簟》：“蕲州笛竹天下知。”按：谓以笛竹为簟也。这句是说簟纹如水的竹席是取材于笛竹。

⑦ 岸巾：把头巾掀起，露出前额。形容豪放、洒脱、无拘束。

⑧ 氛埃：飞散的尘雾。杜甫《入衡州》：“氛埃期必扫，蚊蚋焉能当。”

来临，他便不顾客人，而“昏昏信脚到华胥”了，如：

相对蒲团睡味长，主人与客两相忘。须臾[①]客去主人觉，一半西窗无夕阳。(《客去》)

侯印何由得酒泉[②]，小槽新熟亦欣然。放翁达处过彭泽，客自在旁吾自眠[③]。(《酒熟》)

“客自在旁吾自眠”，在一般人，就是多么困倦也不会这样做的。可是放翁由于天性豁达，这对于他倒成为司空见惯的事了。由此我们更可以知道他是能享受美睡的幸福，而放翁之放，于此也可以见到一些。

放翁对于昼眠所享到的快乐，他的诗里说明更多，如：

午枕挟小醉，鼻息撼四邻。心安了无梦，一扫想与因[④]。(《午睡》)

---

① 须臾：极短的时间、片刻。

② 侯印句：杜甫《饮中八仙歌》：“恨不移封向酒泉。”

③ “放翁”二句：《宋书·陶潜传》：“贵贱造之者，有酒辄设。潜若先醉，便语客：‘我醉欲眠，卿可去。’其真率如此。”彭泽，陶渊明曾为彭泽令，这里以彭泽代指陶渊明。

④ 想与因：《世说新语·文学》：“卫玠总角时问乐令梦。乐云：‘是想。’卫曰：‘形神所不接而梦，其是想耶？’乐云：‘因也。未尝梦乘车入鼠穴、捣齑、啖铁杵，皆无想无因故也。’”

虚堂四檐竹修修①，朱夏②正午如高秋。八尺风漪云碧裯③，一榻宽如禹九州。屈信④展转俱自由，息以两踵无与喉⑤。世方窘若鱼吞钩⑥，我独超然鹰脱韝⑦。一物不向灵台⑧留，非睡非觉以神游⑨。青城紫阁多朋俦⑩，相逢握手笑不休。（《睡起》）

苦爱幽窗午梦长，此中与世暂相忘。华山处

---

① 竹修修：细长的竹子。

② 朱夏：《尔雅》：“夏为朱明。”

③ 八尺风漪云碧裯（chóu）：八尺风漪，参见第79页注⑥。又韩愈《郑群赠簟》：“卷送八尺含风漪。”云碧裯，以蓝天白云为被子和帐子。

④ 信：通伸，伸展。

⑤ 息以两踵无与喉：《庄子·大宗师》：“真人之息以踵，众人之息以喉。”息，喘息，呼吸，气息。《论语·乡党》：“摄齐升堂，鞠躬如也，屏气似不息者。”踵，脚后跟。《战国策·赵策》：“媪之送燕后也持其踵为之泣。”喉，咽喉。

⑥ 鱼吞钩：《大智度论》：“着欲之人，如鱼吞钩。”

⑦ 韝（gōu）：臂套，用以束衣袖，以便动作。这里特指打猎用以停鹰的革制袖套。

⑧ 灵台：心灵。《庄子·庚桑楚》：“不可内于灵台。”郭象注：“灵台者，心也。”

⑨ 神游：《列子·黄帝》：“盖非舟车足力之所，神游而已。”

⑩ 青城紫阁多朋俦（chóu）：青城，地名。《太平寰宇记》：“青城县：青城山，在县西北三十二里。”紫阁，地名。《大清一统志》：“紫阁峰，在鄠（hù）县东南。”鄠县即今陕西户县。朋俦，伴侣。

士[①]如容见，不觅仙方觅睡方。（《午梦》）

春浓日永有佳处，睡味著人如蜜甜。（《春日》）

饭罢颓然[②]付一床，旷怀真足傲羲皇[③]。（《睡起已亭午终日凉甚有赋》）

半熟拥衾[④]闻急雨，乍回推枕觅残书。个中得意君知否，万户生封未必如！（《睡》）

能够美睡，的确不是一件容易的事，必须“一物不向灵台留”，“心安了无梦”，才能够享到“此中与世暂相忘”的清福。一般人因为汲汲[⑤]名利，尘劳丛杂，没有时间昼眠，就是有时间来睡，也不会睡得好，还哪能到与世暂相忘的境界呢？我们的诗人，得天独厚，饱享了这种清福。能享这种清福，才能感觉到“睡味着人如蜜甜”、“旷怀真足傲羲皇”、“万户生封未必如”呢！放翁平生饱经忧患，晚年又过着极度贫困的生活，而能享到八十五岁的高年，虽然原因很多，恐怕他的美睡，也是主要原因之一吧！

---

① 华山处士：即云台翁，王偁《东都事略·隐逸·陈抟传》：“陈抟字图南，亳州真源人也……移居华山云台观，又止少华石室，每寝处，多百余日不起。”

② 颓然：形容败兴的样子。

③ 羲皇：指伏羲氏。

④ 衾：大被子，衾枕。

⑤ 汲汲：形容心情急迫，努力追求。

六、只将闲送老（下）

他的第四种消闲的办法是出游，放翁住在一个山明水秀，景物清幽的环境里，他为了消遣暇日和欣赏那如画的风光起见，常不断地出游。

他出游的大部分的时间，似乎用在游览山水。关于游山的诗，先引几首，如：

羸病知难赋远游①，尚寻好景送悠悠。乱山孤店雁声晚，一马二童②溪路秋。扫壁有僧求醉墨，倚楼无客话清愁。残年敢望常强健，到处临归为小留。（《游近山》）

山光秀可餐③，溪水清可啜④。白云映空碧，

① 远游：《楚辞·远游》王逸注：“《远游》者，屈原之所作也。”

② 一马二童：苏轼《司马温公神道碑》：“公来自西，一马二童。”

③ 秀可餐：陆机《日出东南隅行》：“秀色若可餐。”

④ 啜（chuò）：喝（溪水）。

突起若积雪。我行溪山间，灵府①为澄澈。崚嶒②崖角立，蟠屈路九折。黄杨与冬青，郁郁自成列。其根贯石罅③，横逸相纠结。上扪④鵰鹘⑤巢，下历豺虎穴。流泉不可见，锵然响环玦⑥。出山日已暮，林火远明灭。小憩⑦得樵⑧家，题诗记幽绝。(《山行》)

在水上游览的诗，也引几首，如：

横林渺渺夜生烟，野水茫茫远拍天。菱唱⑨一声惊梦断，始知身在钓鱼船。(《乙丑夏秋之交小舟早夜往来湖中戏成绝句》)

烟波深处卧孤蓬，宿酒醒时闻断鸿。最是平生会心事，芦花千顷月明中。(《烟波即事》)

---

① 灵府：心灵。《庄子·德充符》：“故不足以滑和，不可入于灵府。”

② 崚嶒（léng céng）：形容山高。

③ 石罅（xià）：石头缝隙。

④ 扪：按、摸。

⑤ 雕鹘（gǔ）：鸟类的一种，猛禽，嘴呈钩状，视力很强，腿部有羽毛，也叫鹫鹘。

⑥ 锵然响环玦（jué）：柳宗元《至小丘西小石潭记》：“隔篁竹，闻水声，如鸣佩环。”锵然，金玉相击声，这里形容水声。玦，古时佩带的玉器，半环形，有缺口。

⑦ 憩（qì）：休息。

⑧ 樵家：打柴的人家。樵，柴，打柴。

⑨ 菱唱：采菱时唱的歌。

风声如雨晓飕飕，万叶丹枫满瓦沟。西望牛头[1]三十里，一枝柔橹作闲游。（《冬初出游》）

他除了游览山水以外，在吃饱饭以后，有时还到野外行饭。一遇到田夫野老，就闲话起来。谈到相契的地方，快乐得把回家的事情全都忘掉，如：

饭饱出柴门，本散腰脚顽。偶然遇野人[2]，笑语欲忘还。（《信笔》）

饭饱逍遥信所之，芡[3]塘蔬圃遍游嬉。梧楸凋落风高后，瓜瓠轮囷[4]雨足时。犬喜人归迎野路，鹊营巢稳占低枝。晚来懒复呼童子，自掩柴门上扊扅[5]。（《舍北行饭》）

儿扶行饭出柴扉，伛偻[6]方嗟气力微。道侧

① 牛头：《山阴县志》："牛头山，去县西六五里，唐天宝间改名临江山。"

② 野人：山野中的农民。

③ 芡：一年生草本植物，生在水池中，全株有刺，叶子圆形，象荷叶，浮在水面。

④ 瓜瓠（hù）轮囷：瓜瓠，瓠子。一年生草本植物，茎蔓生花白色果实细长，圆筒形，表皮淡绿色，可做蔬菜。轮囷，盘绕屈曲的样子，指瓠子的茎蔓及果实。

⑤ 扊扅（yǎn yī）：门闩。《颜氏家训·书证》："古乐府歌百里奚词曰：'百里奚，五羊皮。忆别时，烹伏雌，吹扊扅，今日富贵忘我为！'"

⑥ 伛偻（yǔ lǚ）：腰背弯曲。

偶逢耘麦叟，倚锄闲话两忘归。（《出游归卧得杂诗》）

他若有着较长的时间，还时时到近村出游，如：

数家茅屋自成村，地碓①声中昼掩门。寒日欲沉苍雾合，人间随处有桃源。（《小舟游近村舍舟步归》）

不识如何唤作愁，东阡南陌且闲游。儿童共道先生醉，折得黄花插满头。（《小舟游近村舍舟步归》）

这是描写游某一个近村的情形。竹篱茅舍，三五人家，描写得已入化境，他称之为人间桃源，实不为过！他在归途中，天真烂漫的儿童们，敢和他来开玩笑，由此，我们也可知道他是一位慈祥恺和②，博得儿童接近的老人。

老人摧颓③绝造请，门设常关④草生径⑤。一

① 碓（duì）：舂米用具。简单的碓，只是一个石臼，用杵捣米。
② 恺（kǎi）和：恺，和顺。
③ 摧颓：身体衰败的样子。
④ 门设常关：陶渊明《归去来兮辞》：“门虽设而常关。”
⑤ 草生径：王绩《田家》：“草生元亮径。”

年三百六十日，三百五十九日病。一日不病出忘归[1]，绕村处处扣柴扉。水东溪友新酒熟，舍北园公菰葇[2]肥。平生养气心不动[3]，黜陟[4]虽闻了如梦。从今病愈即相寻，共听糟床滴春瓮。（《病起游近村》）

这是游另一个近村的情形。到了村中以后，就处处扣柴扉。来和相熟的溪友园公们闲谈饮酒。

野人知我出门稀，男辍锄耰[5]女下机。掘得茈菇[6]炊正熟，一杯苦劝护寒归。（《东村》）

这是到东村的情形。他难得出门，这一天偶然走到东

---

① 一年三句：应劭《汉官仪》引时谚：“生世不谐，为太常妻。一岁三百六十日，三百五十九日斋，一日不斋醉如泥。”陆游诗句由此脱换而来。

② 菰葇（róu）：菰，多年生草本植物，生长在池沼里，嫩茎的基部膨大，做蔬菜吃，叫茭白。菰，此处同“菇”。葇，即香薷，一年生草本植物，全草入药。

③ 平生养气心不动：《孟子·公孙丑上》：“我四十不动心。”又：“我善养吾浩然之气。”

④ 黜陟（zhì）：亦做“绌陟”。指官吏的进退升降。黜：罢免，革除。陟：登高。韩愈《送李愿归盘谷序》：“理乱不知，黜陟不闻。”

⑤ 耰（yōu）：古代的一种碎土块，整田地及播种后翻土、盖土用的农具。

⑥ 茈（cí）：荸荠。

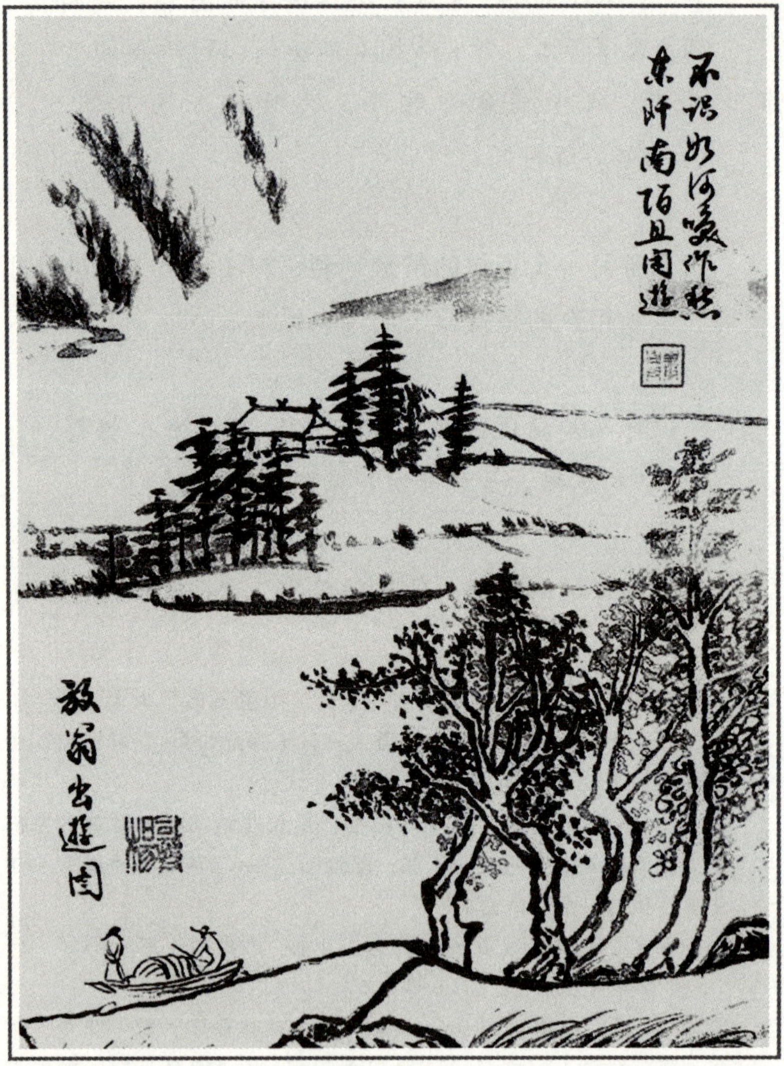
不得如何便作愁
東阡南陌且閑遊
放翁出遊圖

村，东村人家留他坐坐，忙去掘了芘菇，请他喝一杯酒，他也用不着客气，就喝了酒而后回来。

此外他还时常到僧寺里游览。现在也引两首诗，看看他游僧寺的情形和心情，如：

> 卧看香穗[1]叹吾衰[2]，起著芒鞵[3]信所之。十里溪山最佳处，一年寒暖适中时。眼明竹院如曾到，心许沙鸥卜后期。不是诗人托高兴，日长真付一枰[4]棋。（《游近山僧庵》）
>
> 过尽青山唤渡船，晚窗洗脚卧僧毡。剩偿平日清游愿，更结来生熟睡缘。吞啄渐稀如老鹤，鸣声已断似寒蝉[5]。旁观莫苦嘲痴钝，此妙吾宗秘不传。（《僧房假榻》）

他的第五种消闲的办法是儿嬉，放翁消闲最有趣的办法，应该算是这一种了。以一个年逾古稀的老头儿，厕

---

① 香穗：黄庭坚《惠江南帐中香者戏答六言》："一穗黄云绕几，深禅想对同参。"任渊注引《传灯录》："第二十二祖摩拏罗至西印土焚香，而月氏国王忽覩异香成穗。"

② 叹吾衰：《论语·述而》："子曰：'甚矣吾衰也！久矣吾不复梦见周公！'"

③ 芒鞵：用芒草编织的草鞋。鞵，同"鞋"。

④ 枰：棋枰、棋盘。

⑤ 寒蝉：深秋天气寒冷，蝉即不鸣。多用寒蝉比喻不讲话。

身[1]在儿童队伍里，黄发垂髫[2]，对比起来，是多么有趣！这时他老人家表现着愉快的心情，做出一种儿童的姿态，来和他们厮混[3]，这样就可以增加他的活力，可以忘掉现实的忧患。

他这种消闲的办法，花样也很多，如：

> 出从父老观秧马，归伴儿童放纸鸢[4]。君看此翁闲适处，不应更谓世无仙。(《题斋壁》)
>
> 垂老始知安乐法，纸鸢竹马伴儿嬉。(《村居书事》)
>
> 花前自笑童心在，更伴群儿竹马嬉。(《园中作》)
>
> 整书拂几当闲嬉，时取曾孙竹马骑。故故小劳君会否，户枢流水[5]即吾师。(《书意》)
>
> 浅色染成宫柳绿，水沈熏透野梅枝。客来莫怪逢迎懒，正伴曾孙竹马嬉。(《岁莫》)

他和儿童们一同放纸鸢骑竹马，其目的，第一，是在寻求一种安乐法。第二，是要故故小劳。看来虽是一件消

---

① 厕身：谦辞，指参与某一部门工作。这里是夹杂的意思。

② 垂髫：孩子下垂的头发，代指儿童。髫龄，童年。

③ 厮混：多为贬义词，这里是夹杂混杂的意思。

④ 纸鸢：风筝。

⑤ 户枢流水：《吕氏春秋·尽数》：“流水不腐，户枢不蠹，动也。形气亦然。”

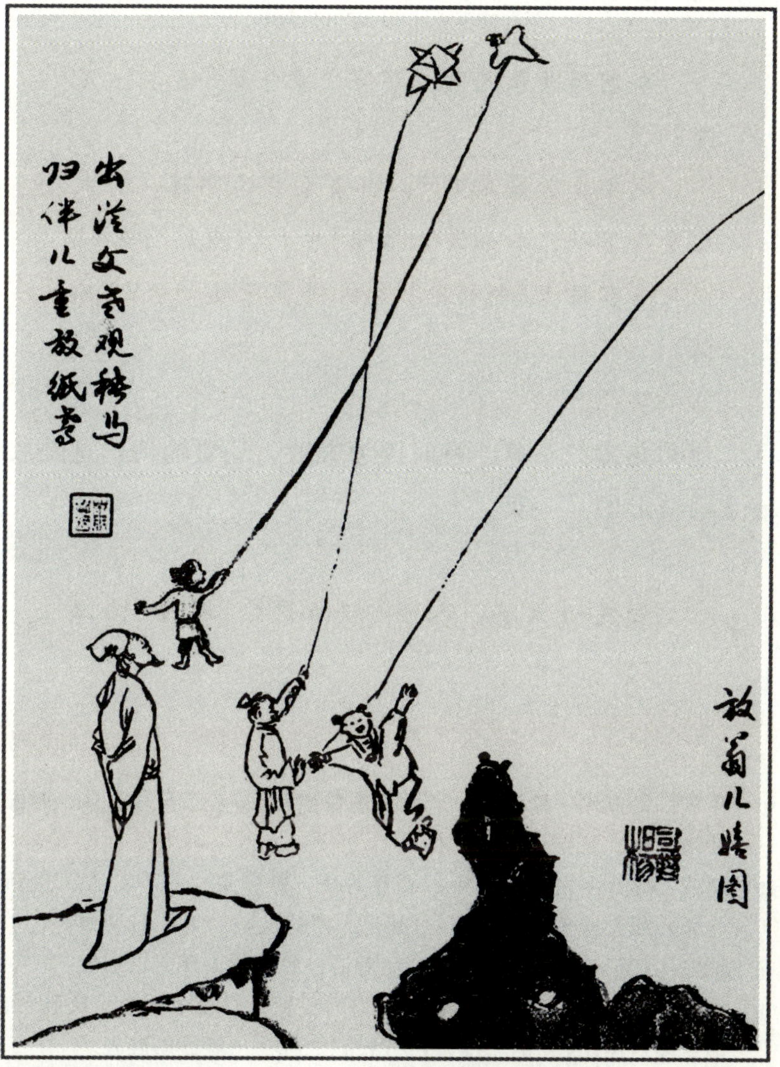

归伴儿童放纸鸢

闲的小事，实际上是他的身心两面的保健妙法。这是放翁儿嬉情形的一页。

今朝雨歇春泥散，剩伴儿童斗草[1]嬉。（《定命》）

残年真欲数期颐[2]，一事无营饱即嬉。身入儿童斗草社，心如太古结绳[3]时。（《老甚自咏》）

陪客投壶[4]新罚酒，与儿斗草又输诗。（《东篱》）

他和儿童们斗草，有时因为失败，还要输诗。这是放翁儿嬉情形的又一页。

白发短欲尽，人嗤[5]心尚孩[6]。埋盆[7]池潋

---

① 斗草：是古代一种游戏。宗懔《荆楚岁时记》："五月五日，四民并踏百草，又有斗百草之戏。"

② 期颐：称百岁之寿。人生以百年为极，故曰期；百岁之人，生活起居，须人养护，故曰颐。《礼记·曲礼上》："百年日期颐。"

③ 结绳：《易·系辞》："上古结绳而治，后世圣人易之以书契。"

④ 投壶：古代一种游戏，盛酒的壶口为目标，以投中次数为决胜负，输者须饮酒。《礼记·投壶》："投壶之礼……胜饮不胜者。"

⑤ 嗤：嗤笑，讥笑。

⑥ 心尚孩：杜甫《百忧集行》："忆年十五心尚孩，健如黄犊走复来。"

⑦ 埋盆：韩愈《埋盆》："老翁真个似童儿，汲水埋盆作小池。"

滟[1]，累瓦塔崔嵬[2]。(《老境》)

老翁七十如童儿，置书不观事游嬉。园中垒瓦强名塔，庭下埋盆聊作池。(《秋晴每至园中辄抵暮戏示儿子》)

放纸鸢、骑竹马、斗草，多是他和儿童们一同来做。他虽届古稀之年，但因为童心仍在，所以即便在他独居的时候，也常做些儿嬉的事情。这埋盆作池，垒瓦名塔，便是他独自儿嬉时的得意之作。这也是放翁儿嬉情形的又一页。

他还有一首七言绝句，题作《小雨偶出邻里小儿竞随吾后不知其意何也》，诗云：

云生海澨[3]初飞雨，日漏山椒旋作晴。箬笠[4]芒鞋桥下路，儿童争逐放翁行。

“儿童争逐放翁行”，他自己说是“不知其意何也”，在我们看起来，这或者是因为他常常参加到儿童队伍里，和他们玩耍，这回小朋友们竞随其后，是又要要求他一同游嬉吧！

---

① 潋滟：形容水势浩大和水波流动。

② 崔嵬：高大耸立，也指有石头的土山。

③ 澨（shì）：水边。

④ 箬笠：用箬竹的篾或叶子制成的帽子，用来遮雨或遮阳光。箬竹，竹子的一种。

他的第六种消闲的办法是幽居，他除去以上这些消闲的办法以外，在他闲居的时候，还有好多的幽事，用以“娱身目，遣暇日”。这许多的幽事，就是下棋、饮茶、弹琴、养鹤、写字、吹箫、钓鱼、负日、弄孙、课读等等。我们先引几首有关于下棋、饮茶、弹琴、养鹤、写字、吹箫、钓鱼的诗，如：

何处是幽栖，城南路少西。杨花穿户入，燕子避帘低。棋局聊相对，茶炉亦自携。溪头云易合，晚雨又成泥。(《幽栖》)

曾会兰亭[①]醉堕簪[②]，后身依旧住山阴。琴传数世漆文断，鹤养多年丹顶深。涤砚滩头无渍墨，吹箫月下有遗音。小诗戏述幽居事，后有高人识此心。(《幽居述事》)

抱瓮穷园叟，还山老布衣。死边常得活，闹处偶容归。钓恐鱼吞饵，棋忧客堕机。此心君会否，洗尽百年非。(《杂书幽居事》)

他除了这些幽事以外，还有时过着茆檐负日、含饴弄孙和课诸孙读书的生活，如：

---

① 兰亭：绍兴的古迹之一。东晋书法家王羲之，在永和九年（353）三月初三，偕好友四十一人在兰亭修禊，撰写《兰亭序》文并书之，被誉为古今第一行书。

② 簪：簪子，插在头发上，别住发髻的条状物，用金属、骨头或玉石制成。

破裘[1]负日茆檐底，一碗藜羹似蜜甜。（《午饭》）

有时负日向门前，手把《南华》[2] 日中读。（《偶与客饮客去戏作》）

山川炳焕[3]似辟国，风雨退收似解严。老子[4]真成无一事，抱孙负日坐茆檐。（《雨晴》）

八十身犹健，生涯学灌园。溪风吹短褐，村雨暗衡门。眼正魔军[5]怖，心安疾竖[6]奔。午窗无一事，梨枣弄诸孙。（《灌园》）

时从邻父饮，日授稚孙书。（《杂兴》）

旧书编未绝，犹足教诸孙。（《书况》）

他在八十岁的时候，把舍东茀地[7]，辟为小圃，名曰东篱[8]。他每天婆娑[9]其间，于是那个地方，便成了他的消闲的所在。这也是他的幽居生活中应该大书而特书的一点。他作过一篇《东篱记》，记载东篱和他婆娑其间的情

---

① 裘：毛皮的衣服，如“狐裘”。

② 《南华》：即《庄子》。《新唐书·艺文志》：“天宝元年，昭号《庄子》为《南华真经》。”

③ 炳焕：明亮。

④ 老子：作者自称。

⑤ 魔军：代指疾病。

⑥ 疾竖：代指疾病。

⑦ 茀（fú）地：草地。

⑧ 东篱：陶渊明《饮酒》：“采菊东篱下，悠然见南山。”

⑨ 婆娑：盘旋徘徊的样子。

形。我们也引来，以便了解他的幽居生活的另一种。《东篱记》云：

放翁告归之三年，辟舍东茀地，南北七十五尺，东西或十有八尺而赢，或十有三尺而缩。插竹为篱，如其地之数，埋五石瓮，潴泉[1]为池，植千叶白芙蕖[2]，又杂植木之品若干，草之品若干，名之曰东篱。放翁日婆娑其间，掇[3]其香以嗅，撷[4]其颖[5]以玩，朝而灌，暮而锄，凡一甲坼[6]、一敷荣[7]，童子[8]皆来报惟谨[9]。放翁于是考《本草》以见其性质，探《离骚》以得其族类，本之《诗》、《尔雅》及毛氏、郭氏之传，以观其比兴，穷其训诂[10]。又下而博取汉、魏、晋、唐以来，一篇一咏无遗者，反复研究古今体制之变革。间亦吟讽为长谣、短章、楚调、唐

---

① 潴泉：地下涌出的水，泉水积聚的地方。
② 芙蕖：荷花的别称。
③ 掇（duō）：拾取、摘取。
④ 撷（xié）：摘下，取下、采撷。
⑤ 颖：泛指草本植物的花穗。
⑥ 一甲坼（chè）：植物种子皮壳裂开一次。
⑦ 一敷荣：植物的花朵开放一次。
⑧ 童子：童仆。
⑨ 惟谨：恭敬、谨慎、庄重。
⑩ 训诂：解释古书文义。

律，酬答[1]风月[2]烟雨[3]之态度。盖非独娱身目，遣暇日而已。昔老子著书，末章自‘小国寡民’至‘甘其食，美其服，安其居，乐其俗，邻国相望，鸡犬之声相闻，民至老死不相往来’，其意深矣。使老子而得一邑一聚，盖真足以致此。于乎！吾之东篱，又小国寡民之细者欤[4]！”

他终日厕身在他所认为小国寡民之细者的东篱里，过着非独娱身目遣暇日，而且具有有目的的研究和吟咏的生活。这种闲适生活的个中滋味，一般青壮年的人们，是不会领略的。他还有过几首《东篱杂题》，吟咏在东篱里的生活情形和意趣，别有一般滋味。现在为了帮助了解和欣赏他在东篱里的幽居生活起见，也把它引在下面，如：

终日在东篱，清和[5]适此时。莺声如妒梦，花气欲撩[6]诗。爱客茶新碾，留僧饭别炊。流年随手过，不觉近期颐。（《东篱杂题》）

---

① 酬答：用言语或诗文应答。

② 风月：风和月，泛指景色。

③ 烟雨：牛毛细雨。

④ 欤（yú）：助词，表示疑问，用法跟“乎”大致相同。

⑤ 清和：初夏之时为清和。谢灵运《游赤石进泛海》：“首夏犹清和。”

⑥ 撩：撩拨，引逗。

深居远悔吝[1]，简事养精神。曳[2]杖一萧散，待茶时欠伸[3]。风生丛竹啸，露坼[4]野花新。自作东篱后，经旬不过邻。(《东篱杂题》)

昨日一花坼，今朝一草生。深林鸠妇聒[5]，高栋燕巢成。熟果檐间堕，残书枕畔横。庵居澹[6]无事，作意领新晴。(《东篱杂题》)

南陌归虽久，东篱兴又新。无求觉身贵，好俭失家贫。引水常终日，栽花又过春。桃源不须觅，已是葛天民[7]。(《东篱杂题》)

沟声流激激，篱影立疏疏。平旦[8]来浇药，临昏尚看鱼。比邻怪疏索[9]，风月伴踌躇。安得王摩诘[10]，凭渠画草庐。(《东篱杂题》)

---

① 悔吝：犹言悔恨。

② 曳（yè）：拖，牵引。

③ 欠伸：指打呵欠伸懒腰。

④ 露坼：露水润泽。

⑤ 聒（guō）：声音嘈杂，使人厌烦。这里指鸠鸟的叫声。

⑥ 澹（dàn）：安静。

⑦ 葛天民：即葛天氏之民。葛，古诸侯国国名，在今河南睢县北。葛天氏之民，风俗淳厚。陶渊明《五柳先生传》：“无怀氏之民欤？葛天氏之民欤？”

⑧ 平旦：天刚亮。

⑨ 疏索：稀疏，少。

⑩ 王摩诘：唐代著名诗人、画家王维，字摩诘，其作品被苏轼评价为“诗中有画，画中有诗”。

七、养生有方

现在要谈一谈陆放翁对于养生的主张，和他实际的养生生活。

据他的自述，他在幼年的时候，常常得病，所以在四五十岁的时候，就很显著地衰老起来。

> 我少本多疾，屡亦频危殆[①]。（《暑中北窗昼卧有作》）
>
> 禀性[②]本不强，四十已遽衰[③]。药裹[④]不离手，对酒盘无梨[⑤]。（《养生》）
>
> 予少多疾恙[⑥]，五十已遽衰。齿摇颔须白[⑦]，

---

① 频危殆：连续几次临近危险的境地。
② 禀性：人的本性。
③ 遽（jù）衰：急速的衰退。
④ 药裹：药袋。
⑤ 盘无梨：韩愈《赠刘师傅》：“妻儿恐我生怅望，盘中不饤粟与梨。”
⑥ 恙：病。
⑦ 颔须白：下巴上的胡须白了。

萧然[①]蒲柳姿[②]。(《寿考如富贵》)

可是他以后知道注意养生，所以在晚年的时候，身体反很强健，而能活到八十五岁的高龄。这不能不归功于养生的得法了。

中年弃嗜欲，晚岁节饮食。中坚却外慕[③]，魔盛有定力[④]。(《暑中北窗昼卧有作》)

这是自述其养生的经过。他在其它的诗里，更述其养生的效验说道：

岂料今八十，白间犹黑丝。咀嚼虽小艰，幸未如牛呞[⑤]。(《养生》)

吾今垂九十，追逐群众中。筋骸胜拜起，耳目未盲聋。(《人寿至耄期》)

---

① 萧然：冷落，没有生气的样子。

② 蒲柳姿：象蒲柳那样的资质。用来比喻或自谦身体虚弱。蒲柳，也叫水杨，一种落叶灌木，通常入秋后即凋零。《世说新语·言语》刘峻注：“顾恺之为父传曰：‘君以直道凌迟于世，入见王，王发无二毛，而君已斑白。问君年，乃曰：“卿何偏早白?”君曰：“松柏之姿，经霜犹茂；臣蒲柳之质，望秋先零，受命之异也。”王称善久之。’”

③ 中坚却外慕：身体强健，外表让人羡慕。

④ 魔盛有定力：病魔旺盛时，有定力战胜它。

⑤ 呞（shī）：牛反刍，即食后复吐出咀嚼。

造物念途穷，畀①以樗栎寿②。虽无熊鸟术③，坐空阴阳寇④。两眦⑤若有光，夜视如正昼。(《中夜睡觉两目每有光感而有作》)

他的养生方法，完全袭自道家。

养生慕黄老⑥，为治法唐虞⑦。(《书意》)

所以对于《黄庭经》、《庄子·养生主》，都特别地推崇，如：

---

① 畀（bì）：给，给以。

② 樗栎（chū lì）寿：不成材的树木得以长寿。《庄子·逍遥游》：“吾有大树，人谓之樗……不夭斤斧，物无害者。”又《人间世》：“匠石之齐，至乎曲辕，见栎社树……是不才之木也，无所可用，故能若是之寿。”

③ 熊鸟术：《庄子·刻意》：“吹呴（xǔ）呼吸，吐故纳新，熊经鸟申，为寿而已矣。此道引之士，养形之人，彭祖寿考者之所好也。”

④ 阴阳寇：《庄子·庚桑楚》：“寇莫大于阴阳，无所逃于天地之间。”

⑤ 眦（zì）：上下眼睑的接合处，靠近鼻子的叫内眦，靠近两鬓的叫外眦，通称眼角。这里代指眼睛。

⑥ 黄老：即黄帝和老子。

⑦ 唐虞：都是古朝代名。唐为尧所建，虞为舜所建。

劝君勿虚死，万过诵《黄庭》[1]。（《夜寒燃火有感》）

白头始悟颐生[2]妙，尽在《黄庭》两卷中。（《道室杂咏》）

昔虽学养生，所遇少硕师。金丹既茫昧，鸾鹤安可期。惟有庖丁[3]篇，可信端不疑。（《养生》）

牧羊[4]知治民，解牛[5]得养生。（《病中作》）

他的养生，主张以元气为根本，如：

养生孰为本，元气不可亏。秋毫[6]失固守，金丹亦奚为！所以古达人，一意坚自持，魔鬼[7]虽百万，敢犯堂堂师！（《杂感》）

---

① 《黄庭》：即《黄庭经》，亦即《黄庭内景经》。《宋史·艺文志》：梁丘子注《黄庭内景玉经》一卷，《黄庭外景经》一卷。

② 颐生：养生。《易·颐》孔颖达正义："颐，养也。"

③ 庖丁：厨师。

④ 牧羊：《汉书·卜式传》："式既为郎，布衣草跻而牧羊。岁余，羊肥息。上过其羊所，善之。式曰：'非独羊也，治民亦犹是矣。'"

⑤ 解牛：《庄子·养生主》："庖丁为文惠君解牛……文惠君曰：'善哉！吾闻庖丁之言，得养生焉。'"

⑥ 秋毫：鸟兽在秋天新长出来的细毛。

⑦ 魔鬼：指病魔。

只要元气存在，就是有多么重的病，它也会痊愈的。

寓形[1]天地间，疾病谁能无。不从酒色来，病自无根株。但使元气在，虽剧行当苏。（《病中作》）

一般人的得病，先由于神思的困扰不宁。所以要想愈病，必须先要宁神，宁神必须先使气住。气住则神宁，神宁则心安，这样病不求愈而自愈了。

清晨坐堂上，万事一袖手。愁病初无根，孰谓药与酒！掀髯笑嵇阮[2]，举袖笑和缓[3]。气住则神住[4]，时至骨自换[5]。（《书意》）

气住即存神，心安自保身。（《宴坐》）

---

① 寓形：自己的形体寄居（在天地间）。陶渊明《归去来兮辞》："寓形宇内复几时？"

② 嵇阮：《世说新语·排调》："嵇、阮、山、刘，在竹林酣饮。"又《世说新语·伤逝》王戎云："吾昔与嵇叔夜、阮嗣宗共酣饮于此垆，竹林之游亦预其末。"

③ 和缓：和与缓都是秦国的医生。《左传·昭公元年》："晋侯有疾求医于秦，秦伯使医和视之。"《左传·成公十年》："公疾病，求医于秦，秦伯使医缓为之。"

④ 气住则神住：《云笈七籤》："神行即气行，神住即气住。"

⑤ 时至骨自换：此用陈师道《次韵答秦少章句》。

理穷性尽命亦至[①]，气住神全形自留[②]。（《道院述怀》）

在这个地方，我们要提出一点，他所说的元气，以现在生理学的眼光看起来，当然是认为玄之又玄的。它究竟是什么东西？我觉得它很像现在所说的生活力和强固的精神作用。至于他所谓“气”，是不是就是元气，在他的诗里，得不到说明，依我个人的意见，认为就是现在所谓呼吸作用。所谓气住，就是把呼吸调匀，呼吸调匀，便可心静神安，久而久之，生活力自然旺盛起来。

他认为养生的方法，和治国的道理，是一样的，如：

半升粟饭养残躯，晨起衣冠读典谟[③]。莫谓此生无用处，一身自是一唐虞。（《读经》）

万法元须一理通，长生极治本同功。广成千岁无他术[④]，只在唐虞二典[⑤]中。（《道室杂咏》）

---

① 理穷性尽命亦至：《易·说卦》：“穷理尽性，以至于命。”

② 气住神全形自留：《庄子·天地》：“形全者神全。”

③ 典谟：策略，规划。指《尚书》中的《尧典》、《舜典》、《大禹谟》、《皋陶谟》，也泛指古代的经典。

④ 广成千岁无他术：葛洪《神仙传》：“广成子者，古之仙人也。居崆峒之山，石室之中，黄帝闻而造焉曰：‘敢问至道之要。’广成子曰：‘慎内闭外，多知为败，我守其一，以处其和，故千二百岁而形未尝衰。’”

⑤ 唐虞二典：指《尚书·尧典》、《尚书·舜典》。

这是说，人身就好比一个小天地，长生的方法，与极治的道理，是一样的。

> 武丁①命傅说②，治国如和羹③。天亦命放翁，用此以养生。抑过补不足，辅相其适平，千岁汝自有，不必师广成。(《养生》)

这是说，治国和养生的方法第一个相同之点，是“抑过补不足，辅相其适平。”

> 唐尧授人时④，妙用均造化⑤。我读《七月》⑥诗，周室亦其亚。彼用治四海，我敛治一身。至理之所在，太山等微尘。(《书意》)

这是说，治国和养生方法的第二个相同之点，是“妙用均造化”。

---

① 武丁：商朝的国君。

② 傅说：商朝国君武丁的大臣。

③ 和羹：用不同的调味品配制的羹汤，比喻大臣辅助国君。

④ 唐尧授人时：《史记·五帝本纪》：“帝尧……乃命羲和敬顺昊天，数法日月星辰，敬授民时。”

⑤ 造化：指大自然。王充《论衡》：“天地为炉，造化为工，禀气不一，安能皆贤？”

⑥ 《七月》：指《诗·豳风·七月》。

惟王居法宫，玉帛来四裔，一朝启戎心，边城或昼闭。养生能体此，皆可阅千岁。利欲喜乘人，日夜勤自励。（《秋怀》）

这是说，治国和养生方法的第三个相同之点，在治国方面，是“一朝启戎心，边城或昼闭”；在养生方面，是“利欲喜乘人，日夜勤自励”。

下面我们要谈一谈他的养生方法。他为了培补元气，使元气不亏起见，就根据着治国的原理，而定了几种养生的实践方法。

他的养生实践方法的第一点，是注重“啬”[①] 字，如：

养生惟一啬[②]，此在吾术内。（《若耶村老人》）

吾闻诸先贤，养生莫如啬。（《东斋杂书》）

所谓啬，就是精神和体力，绝对不妄用。所以对于不必要，或者无益的事情，绝对不去做。一切名利得失，必须要设法忘掉。

省事常须勉，忘怀得最多。（《降魔》）

养生有妙理，省事与寡言。（《东斋杂书》）

---

① 啬：爱惜、节俭。

② 养生惟一啬：《老子》：“治人事天莫若啬。”

淡薄以养寿，亦非慕名高。(《家居自戒》)

省事”、“忘怀”、“寡言”、“淡薄”，便是啬字的实践。他的养生实践方法的第二点，是注重“中和”，如：

秦不及期周过历[1]，始知养寿在中和。(《夏日》)

所谓中和，是使情欲不要过与不及，忧愁固然不应该有，就是喜悦，他也认为有伤中和，如：

老阅人间久，曾降百万魔，悲忧诚害性，喜悦亦伤和。(《降魔》)

根据以上所引看起来，他的所谓中和，和《中庸》所谓“喜、怒、哀、乐之未发谓之中”的立论，几乎毫无二致了。

他的养生实践方法的第三点，是要“自克”，如：

---

① 秦不及期周过历：是说秦朝的寿命没达到预期，周朝的寿命超过了预卜。《史记·秦始皇本纪》：“朕为始皇帝，后世以计数，二世、三世至于万世，传之无穷。《太平御览·帝王世纪》曰：“秦凡四王二帝，合四十九年。”是谓“秦不及期”。《史记·秦始皇本纪》张守节正义：“周初卜世三十，卜年七百，以五序得其道，故世至三十七，岁至八百六十七，历数既过，秦并天下。”是谓“周过历”。

吾侪[1]学养生，事事当自克。(《病中有述》)

究竟哪些事情应该自克呢？关于此点，他也有说明，如：

衣巾视寒燠[2]，饮食节饱饥。(《养生》)

晨晡[3]节饮食，劳佚[4]时卧起。（《东斋杂书》)

忿欲至前能小忍，人人券[5]内有期颐[6]。(《道室杂咏》)

我岂樗栎[7]哉，但取无伐伤。(《书意》)

这是说明对起居饮食劳佚卧起，要有节制。凡是伤身伐性的事情，如声色等等，全应避免。

他的养生实践方法的第四点，是“戒惧”，如：

忧身如忧国，畏病如畏乱。此身虽幸健，敢

---

① 侪（chái)：同辈，同类的人。吾侪，我辈。

② 燠：（yù）暖，热。

③ 晡：（bū）申时，即午后三时至五时。晨晡即早晨和下午。

④ 佚（yì)：同“逸”，安乐，安闲，安佚。

⑤ 券：契合。《庄子·庚桑楚》：“券内者行乎无名，券外者志乎期会。”

⑥ 期颐：参见第94页注②。

⑦ 樗栎：参见第105页注②。

作无事看！祸福在呼吸，恐惧兼寝饭。人所忽不省，我思常熟烂[1]。夜卧不安席，晨起宁待旦。虽云亲药石，得失每参半。人情喜一快，往往触剽悍[2]。收功宁使迟[3]，覆败不可玩。(《病戒》)

老无声色娱，戒惧在饮食，要须铭盘盂[4]，下箸[5]如对敌。(《病中有述》)

起居饮食间，恐惧自贵珍，一念少放逸，祸败生逡巡[6]。(《养生》)

他的养生实践方法的第五点，是“习小劳”。他的所谓小劳的事情，有徐行、散步、骑竹马、扫地、作墨、硙茶[7]等等，如：

---

① 我思常熟烂：《北齐书·王晞传》：“帝欲以晞为侍中，苦辞不受。或劝晞勿自疏，晞曰：‘我少年以来，阅要人多矣，充诎少时，鲜不败绩。且性实疏缓，不堪时务。非不爱作热官，但思之烂熟耳。’”

② 往往触剽悍：《重修政和证类本草》：“下品药性，专主攻击，毒烈之气倾损中和。”即所谓剽悍之药也。

③ 收工宁使迟：指用上药而言。《重修政和证类本草》：“今按上品药性亦皆能遣疾，但其势力和厚，不为仓卒之效，然而岁月常服，必获大益，病既愈矣，命亦兼申。”

④ 铭盘盂：在盘盂上刻上警惕自己的文字，表示纪念；比喻深刻的记住。

⑤ 下箸：下筷子。

⑥ 逡巡：有所顾虑而徘徊或不敢前进。

⑦ 硙（wèi）茶：硙，石磨。

徐行舒血脉，危坐学踵息。（《东斋杂书》）

整书拂几当闲嬉，时取曾孙竹马骑，故故[1]小劳君会否，户枢流水[2]即吾师。（《书意》）

一帚常在旁，有暇即扫地。既省课童奴，亦以平血气。按摩与导引，虽善亦多事，不如扫地法，延年直差易。（《冬日斋中即事》）

晨几手作墨，午窗身硙茶，岂惟要小劳，亦已御百邪。儿童不解此，倾心逐纷华。君看如山祸[3]，萌在一念差[4]。（《秋日遣怀》）

他的养生实践方法的第六点，是“谨小疾”。他认为忽略小疾，便是致死的根源，所以他对小疾，特别重视，如：

一气不遽变，雨霁[5]皆有苻[6]，死非一旦至，小疾为前驱。人能谨察之，岂有仓卒虞[7]！哀哉不知此，虽悔良难图。（《杂感》）

---

① 故故：常常。

② 户枢流水：比喻经常运动，不受外物侵蚀。

③ 如山祸：《庄子·人间世》：“祸重乎地，莫之知避。”诗意本此。

④ 一念差：陈鸿《长恨歌传》：“由此一念，又不得居此，复堕下界。”

⑤ 霁（jì）：雨后或雪后转晴。

⑥ 苻（fú）：同“莩”，一种水草。

⑦ 仓卒虞：卒不及防。卒同“猝”，仓猝同“仓促”。虞：预料，忧虑。

小疾有根柢①，忽之当日深。(《小疾》)

他的养生实践方法的第七点，是“调呼吸”。这也是养生方法里最重要的一种，前面所说的“气住”，便是调息的具体工夫。前边已经谈到，此处不再细说了。

以上说明了他的养生方法。关于得病的原因，和疗养的方法，他更有极精的说明。他认为得病的原因，在精神方面，是由于利欲心炽；在物质享受方面，是由于美色厚味。如：

哀哉有限身，日与利欲鏖。(《家居自戒》)

倩盼②作妖狐未惨，肥甘藏毒鸩③犹轻。(《养生》)

情欲虽害人，要是自惑溺④。吾观日用事，饮食真勍敌⑤。乃知匕箸⑥间，其祸甚衽席⑦。堂堂六尺躯，勿为口腹役。(《书警》)

---

① 根柢：基础；底细。

② 倩盼：《诗·卫风·硕人》：“巧笑倩兮，美目盼兮。”形容美好动人。

③ 毒鸩：有毒的酒。“鸩”，传说中的一种有毒的鸟，用它的羽毛泡的酒，喝了能毒死人。

④ 惑溺：迷乱、沉迷。

⑤ 勍（qíng）敌：勍，强。勍敌就是强敌。

⑥ 匕箸：匕，古代的一种形似汤勺的取食器具。箸，筷子。

⑦ 衽席：睡觉用的席子。

由于纵情恣欲，役于口腹的结果，遂使气血壅隔[①]，疾病自然也随着来了。

> 人生寓一气，血脉日夜流。秋毫或壅隔，百体若相仇。(《卧病》)

关于治病的方法，他特别强调静养，极端反对医药。这真是一种惊人的见解。关于医药的效力问题，远在《汉书艺文志》上，早已有过“有病不治，常得中医”的话，这几乎把医药的效力，完全否认。清朝的曾国藩，也常常劝人，于有病时，不要吃药。俞曲园且主张澈底废医有《废医论》。他们所说的道理，虽都持之有故，娓娓动听，但都赶不上陆放翁的现身说法，来得亲切有味。下边我就要依次把他的主张介绍出来。

前边已经说过，他认为得病的原因，是由于利欲熏心，和溺于美色厚味，以致气血壅隔。所以他的愈病方法，是针对各种病原的。下边我们要把他的愈病方法，分头说一说。

他所用的方剂的第一种，是“解脱药”，如：

> 嗟予[②]少多艰，衣食拙自谋。方寸丛百虑，

① 壅隔：堵塞，使分隔开来。

② 予：我。

如箭集射侯[①]。犇[②]走连数岁，呻吟剧兹秋[③]。生死亦何有？成坏同一沤[④]。胡[⑤]为不自爱，森然起戈矛？一笑众妄灭，霜天鹰睨鞲[⑥]。呼儿屏[⑦]药囊，吾疾今其瘳。[⑧]（《卧病》）

身如水有沤[⑨]，病如云无根[⑩]。方其未散间，妄谓有我存。沤坏水渺然，云灭宁遗根。回首乃可笑，妄想生怨恩。念我曩昔[⑪]时，一笏[⑫]朝帝

---

① 射侯：用箭射靶。侯，箭靶。《诗经·齐风·猗嗟》："终日射侯，不出正兮。"（正：靶心，亦指箭靶。）

② 犇：同奔。

③ 兹秋：这一年的秋天，转指这一年。

④ 成坏同一沤：《阿毗达磨大毗婆沙论》："劫有三种：一中间劫，二成坏劫，三大劫。"《大佛顶如来密因修证了义诸菩萨万行首楞严经》："空生大觉中，如海一沤发。"

⑤ 胡：何，何故。《战国策·齐策四》："昭王笑而谢之，曰：'客胡为若此，寡人直与客论耳！'"陶渊明《归去来兮辞》："田园将芜，胡不归？"

⑥ 鞲：参见第81页注⑦。

⑦ 屏：摒弃，退去。《荀子·儒效》："周公屏成王而及武王以属天下。"

⑧ 瘳（chōu）：病愈。

⑨ 沤：水的气泡。苏轼《九日黄楼作》："去年重阳不可说，南城夜半千沤发。"千沤发：雨点激起无数水泡。

⑩ 病如云天无根：韩愈《听颖师弹琴》："浮云柳絮无根蒂。"

⑪ 曩昔：以往，以前，过去的。

⑫ 笏：古代君臣在朝廷上相见时手中所拿的狭长扳子，用玉、象牙或竹制成，上面可以记事。

阍[1]。既老复何为，钓鱼石帆村[2]。今年卧病久，惨痛不可言。一念忽超诣[3]，二竖[4]皆忙奔。吾居本广大，谈笑决其藩[5]。还持一尊酒，往酹湘水魂[6]。(《病少间作》)

他见到生死成坏，同是虚幻，那么疾病之在人身，更是幻中之幻。一得到解脱，病可自愈。这种方法，和现代所谓精神卫生论心理疗病法的主张，是很相合的。

他所用的方剂的第二种是“清淡药”，如：

养生所甚恶，旨酒及大肉[7]。(《对食有感》)

---

① 阍（hūn）：门（多指宫门）。

② 石凡村：《嘉泰会稽志》：“望，会稽县，五云乡东西两管，在县东南一十二里。管里二：石凡里、西施里。”

③ 超诣：高深玄妙。

④ 二竖：《左传·成公十年》，“公疾病，求医于秦，秦伯使医缓为之。公梦疾为二竖子曰：‘彼良医也，惧伤我焉。’逃之。其一曰：‘居肓之上膏之下，若我何？’医至曰：‘疾不可为也，在肓之上，膏之下，攻之不可，达之不及，药不至焉，不可为也。’”后因称人患的疾病为二竖，疾至不可救药，为病入膏肓。

⑤ 藩：篱笆。《国语·晋语》：“是行也，以藩为军，攀辇即利而舍。”韦昭注：“藩，篱落也。”

⑥ 往酹（lèi）湘水魂：酹，把酒浇在地上，表示祭奠。湘水魂，即屈原之魂。《史记·屈原贾生列传》：“汉有贾生，为长沙王太傅，过湘水，以吊屈原。”

⑦ 旨酒及大肉：旨酒，美酒。《孟子·离娄下》：“禹恶旨酒而好善言。”

世人个个学长年，不悟长年在目前。我得宛丘平易法[1]，只将食粥致神仙。（自注：张文潜有食粥说，谓《食粥》可以延年，余窃爱之）（《食粥》）

现在有好多人提倡素食养生之说，可见放翁食粥延年的说法，是很有卓见的（放翁病时就常多食粥）。

他所用的方剂的第三种，是“安静药”，如：

体安疾自去，药石无此捷……欲求神气住，先戒事物接。（《冬夜作短歌》）

这是说安静可以愈病的道理。得病的原因，是气血壅滞，静养可以使神宁气住心安，这样气血就可以畅达，病也就不求愈而自愈了。

他的方剂的最后一种，是“燮理汤[2]”，如：

治疾如治盗，要使复其常。藉曰用戈矛，全之宁欲伤。彼盗皆吾民，初非若胡羌，奈何一朝忿，直欲事欧攘[3]。欧攘虽快心，少忍理则长。

① 宛丘平易法：陈振孙《直斋书录解题》：“《宛邱集》七十卷，年谱一卷，起居舍人谯国张耒文潜撰。宛邱，陈州，其所居也。”

② 燮理汤：调和、调理的汤药。

③ 欧攘：赶走、驱使、排斥、攘除、攘外（抵御外患）。

华佗[1]古神医，煎滗[2]到肺肠，取效虽卓荦[3]，去死真毫芒。君审欲除盗，惟当法龚黄[4]，抚摩倘有道，四境皆耕桑。我亦以治疾，不减玉函方[5]。(《疾小愈纵笔作短章》)

这是说，治病的目的，是在复其常，不可以性质激烈的药物，来攻伐它。倘抚摩有道，好好调养，则不但身体受不到药力的损伤，而病并且能很快地痊愈起来。

以上是积极的养病方法。在消极方面，他还提出对于医药的不信任。他根据自己的切身经验，认为医药对于疾病是无能为力的。这种主张，在他的诗中，表现的很多，如：

盛衰当自察，信医固多误。(《访医》)

罢医翻少疾，无术自长年。(《书幸》)

病知药物难为验，老觉人间不足娱。(《遣兴》)

---

① 华佗：汉末三国时的神医。《三国志·魏书·华佗传》："病若在肠中，便断肠湔洗，缝腹膏摩。四五日差。"

② 煎滗：指煎药。

③ 卓荦：明显，超绝。

④ 龚黄：龚遂、黄霸，西汉时循吏。见《汉书·循吏传》。

⑤ 玉函方：《隋书·经籍志》："《玉函煎方》五卷，葛洪撰。"

屏医①却药疾良已，破械空图②盗自消。（《晚凉述怀》）

药石扫空身便健，始知万事要无心。（《秋思》）

病养精神过服药，贫知俭约胜营生。（《杂兴》）

当他五十岁以前在豫章做官的时候，还作过一首诗，对于医药无能的主张，和他晚年的信念，并无二致。拿来说明他对于医药的看法，应该更为有力。其诗云：

豫章濒大江③，气候颇不令④。孟冬⑤风薄人，十室八九病。外寒客⑥肺胃，下湿攻脚胫⑦。俗巫医不艺，呜呼安托命⑧！我始屏药⑨囊，治

---

① 屏医：不用医生。

② 破械空图：破除械备让房屋内空空荡荡。

③ 大江：《南昌县志》："西河章江古称豫章水，《水经》之赣水也。经吉安，临江，以次受诸河之水，北行千余里，历丰城，又三十里，抵大江口，乃入南昌境。"

④ 令：此处应作时令解。

⑤ 孟冬：指冬季的第一个月。孟，农历每季的第一个月。

⑥ 客：中医称风寒侵入为"客"。

⑦ 胫：小腿。

⑧ 安托命：安，疑问代词，哪里、哪能。托，托付。这里是说，哪能信巫医托付自己的性命。

⑨ 屏药：废除服药。

疾以清静。幻妄消六尘[1]，虚白[2]全一性。三日体遂轻，成此不战胜。长年更事多，苦语君试听。(《病中作》)

放翁养生的理论和方法，就介绍到这里。在他的文集中，还有一篇《居室记》，一般人只把它看做闲适生活的描述，但我们很可以把它看做陆放翁养生生活的具体的系统的说明。现在把它抄来，做为本篇的结尾。《居室记》云：

陆子[3]治室于所居之堂北。其南北二十有八尺，东西十有七尺。东西南北皆为窗，窗皆设帘障；视晦[4]明寒燠[5]，为舒卷启闭之节。南为大门，西南为小门。冬则析[6]堂与室为二，而通其小门，以为奥室[7]；夏则合为一，而辟大门以受

① 六尘：《中论》："眼耳及鼻舌身意等六情，此眼等六情，行色等六尘。"

② 虚白：形容心境清静明澄。《庄子·人间世》："虚室生白。"陆德明《经典释文》："司马云：'室比喻心。'"

③ 陆子：陆游自称。

④ 晦：昏暗。

⑤ 燠（yù）：热、暖。

⑥ 析：分，分开。

⑦ 奥室：这里是泛指室内深处。

凉风；岁暮[1]必易腐瓦，补罅隙[2]，以避霜露之气。朝晡[3]食饮，丰约[4]惟其力；少饱则止，不必尽器。休息，取调节气血，不必成寐。读书，取畅适性灵[5]，不必终卷。衣加损[6]视气候，或一日屡变。行不过数十步，意倦则止。虽有所期[7]处，亦不复问。客至，或见，或不能见。闲与人论说古事，或共杯酒，倦则亟[8]舍而起。四方书疏，略不复遣。有来者，或亟报，或守累日不能报，皆适逢其会，无贵贱亲疏之间。足迹不至城市者率[9]累年……舍后及旁，皆有隙地[10]，莳花[11]百余本，当敷荣时，或至其下，方羊[12]坐

---

① 岁暮：一年的末尾，这里是指冬季。

② 罅隙：缝隙。

③ 朝晡：参见第 112 页注③。

④ 丰约：盛衰，多少。丰，盛也，多也。约，衰也，少也。

⑤ 性灵：性情。

⑥ 损：减少。

⑦ 期：这里指期望到达的地方。

⑧ 亟：急速，赶快。

⑨ 率：这里是副词，大抵、一般的意思。

⑩ 隙地：空地，闲地。

⑪ 莳（shí）花：泛指繁盛的鲜花。

⑫ 方羊：也作“方洋”。这里是来回游走的意思。

放翁咏梅图
零落成泥碾
作尘只有香
如故

起，亦或零落已尽，终不一往。有疾，亦不汲汲[1]近药石，久多自平。家世无年[2]，自曾大父[3]以降，三世皆不越一甲子[4]，今独幸及七十有六，耳目手足未废，可谓过其分矣。然自计平昔，于方外[5]养生之说，初无所闻，意者日用亦或默与养生者合，故悉[6]自书之将质[7]于山林有道之士云。”

① 汲汲：急切的样子。
② 无年：有生之年不多。
③ 曾大父：曾祖父。
④ 一甲子：一甲子六十年。
⑤ 方外：世俗之外。
⑥ 悉：这里是全部的意思。
⑦ 质：抵押，典当。

八、孜孜进德

在此后两篇里，要谈一谈放翁老年的思想。不过有几点须要事先声明，就是：第一，陆放翁不是一位哲学家，也不是一位大思想家，他没有独立的思想，他的思想更没有出掉前人思想的范围。所以在此处，不预备也不能够讲他的整个的思想体系。第二，虽然在他的诗里，包罗万象，有好多诗句，反映着他的政治思想文艺思想等等，但这些思想，也是如前所说，大部分是前人思想的重演。现在所要说明的，是做为他的生活的原动力和指针的思想，换句话说，就是和他生活有关系的一小部分的人生理想。因此之故，那些属于其它的方面的思想，不在现在所要研究的范围以内。第三，陆放翁是一位极重实践的人，为了叙述的方便，在以前各篇叙述他的生活的时候，难免有涉及他的思想的地方；现在叙述思想，同样地，也不免有涉及他的生活的地方。但二者的主旨，绝然不同，前者的目的，是在把陆放翁的生活，作一个客观的介绍；后者的目的，则在为他何以会有那样的生活，找一个理论上的说明。由于以上三种原因，所以此处所要叙述的放翁老年的思想，是偏而不全的，也正因为这样，它才能合乎本书的需要。

放翁晚年的思想，是有着入世和出世的两方面的。前者是儒家的思想，后者是道家的思想。本篇所要讨论的，就是入世的一面。

由于他的天性和环境的关系，使他在早年的时候，成为一个有英雄气概的人。他很想在那大时代的洪流里，做一番惊天动地的事业。但由于时机的关系，没有达到志愿，不久，不幸的老年，就降临在他头上来了。

按照常理来说，一个怀才不遇的人，他的思想和行动，很容易走到偏激的道路，表现出悲观颓废的态度来的。可是我们的诗人就不然了，他不但不悲观颓废，相反地，他在老年的时候，对于进德修业，却非常积极。他的诗里，关于勉励自己的话，非常的多，如：

> 易箦[①]汝所知，垂死勿惰偷。（《老学庵自规》）
>
> 汝虽老将死，更勉未死间。（《自勉》）
>
> 老髦[②]谁规我！忠言抵万金。（《自警》）
>
> 老无朋友规，日夜勤自攻。（《人寿至髦

---

① 易箦（zé）：箦是华美光泽的竹席。照当时习惯，做大夫的人才能用，曾子未曾为大夫，不当用，所以病重临死时要人换掉。后来，就称人病重将死为“易箦”。《礼记·檀弓》：“曾子寝疾，病，乐正子春坐于床下，曾元曾申坐于足，童子隅坐而执烛，童子曰：‘华而睆，大夫之箦与？’……曾子曰：‘然，斯季孙之赐也我未之能易也。’元起易箦。”

② 髦：古代称幼儿垂在前额的短头发。这里指老年。

期》）

他虽然知道，自己不久就要长辞人世，可是他还勉励自己，在未死以前，决不要惰偷。他也知道，自己的过失，个人不容易觉察，很希望他人要常常规劝他。但是一般人对于这位年高德劭[1]的老人，尊敬之之不暇，谁还能发现他的错误，而肯加以规劝呢！他老人家也知道这一点，所以他说“老无朋友规”，只得“日夜勤自攻”了。这朝乾夕惕[2]，自强不息的作风，是大《易》的重要训示，并且是儒家的真精神。以一个气血已衰，行将就木的老人，还具有这种精神，不能说不是一件难能而可贵的事情了。

关于进德方面，他所着重的事情，有下列五项：

第一是安贫。他说：

士生百行虽相补，第一要能安饭糗[3]。（《雪后龟堂独坐》）

但能饱菜根，何地不可处[4]。（《感遇》）

---

① 年高德劭：年纪大，品德好。

② 朝乾夕惕：形容一天到晚很勤奋，很谨慎。乾：勉励。《周易·乾卦》：“君子终日乾乾，夕惕若厉，无咎。”

③ 糗（qiǔ）：古代指干粮，也指成块状或糊状的饭或面食。《左传·哀公十一年》：“道渴。其族辕咺进稻醴粱糗、腶脯焉。”

④ “但能”二句：朱熹《小学》：“汪信民尝言：‘人常咬得菜根，则百事可做。’”

一切败德的事情，大都是由于不能安贫而来。所以他在晚年致力于修养的时候，首先着重安贫。因为若不如此，那其它修养的德目，是实行不通的。他认为一个学人，应该自爱自重，只要自已毫无愧怍[1]，对于世俗的毁誉，大可置之不理。富贵不可苟得，受穷不要紧，决不可为了贪慕温饱，而自挠节[2]。他曾有诗说明这种志愿，如：

丈夫自重如拱璧[3]，安用人看一钱直[4]。箪[5]食豆羹不虚受，富贵那可从人得。读书万卷行愧心，幽有鬼神为君惜。龟堂乐处谁得知，红日满窗听雪滴。(《雪后龟堂独坐》)

君不见汾阳[6]富贵近古无，二十四考书中

---

① 愧怍：惭愧。

② 挠节：弯曲，屈服，丧失气节。

③ 拱璧：大璧，又比喻珍贵的东西。

④ 一钱直：直一钱。《史记·魏其武安侯列传》：“生平毁程不识不直一钱。”

⑤ 箪：古代盛饭的圆形竹器。

⑥ “汾阳”二句：《新唐书·郭子仪传》：“以身为天下安危者二十年，校中书令考二十四。”郭子仪，唐华州人，字子仪，以武举异等累迁朔方节度使，平安史之乱功第一，封汾阳王。汾阳：春秋晋地，在今山西静乐西。

书。又不见慈明[1]起自布衣中，九十五日至三公。人生穷达[2]各有命，拂衣[3]径去犹差胜。介推[4]焚死终不悔，梁鸿[5]寄食吾何病。安用随牒[6]东复西，献谀耐辱希阶梯。初无公论判泾渭[7]，

① “慈明”二句：《三国志·魏书·荀彧传》裴松之注：“张璠汉纪曰：‘爽，字慈明……董卓秉政，复征爽……诏下郡即拜平原相，行至苑陵，又追拜光禄勋。视事三日，策拜司空。爽起自布衣，九十五日而至三公。’”

② 穷达：贫穷和通达。

③ “拂衣”句：《后汉书·杨彪传》：“孔融鲁国男子，明日便当拂衣而去，不复朝矣。”

④ “介推”句：介推，一作介子推、介之推。春秋时晋国贵族，曾从晋文公流亡国外。文公回国后赏赐随从臣属，没有赏到他，遂和母亲隐居绵上（今山西介休东南）山中而死，文公找寻不到，曾以绵上作为他名义上的封田。后世遂称绵山为介山。传说文公烧山逼他出来，他因不愿出来而被烧死。

⑤ 梁鸿：东汉初扶风平陵（今陕西咸阳西北）人，字伯鸾。家贫博学，与妻孟光隐居霸陵山中。曾因事出关，过洛阳，见宫室侈俪，作《五噫歌》，对统治者有所讽刺，因而为朝廷所忌，遂改变姓名，东逃齐鲁，后往吴（今江苏苏州），依皋伯通，居廊下小屋内，为人佣工舂米。每日孟光为具食，举案齐眉，以示敬爱。不久病死。著书十余篇，今不传。

⑥ 随牒：牒，文书或证件，通牒。《汉书·匡衡传》：“匡衡才智有余，经学绝伦，但以无阶朝廷，故随牒在远方。”颜师古注曰：“随牒谓随选补之恒牒，不被超擢者。”

⑦ 泾渭：泾，泾河，发源于甘肃，流入陕西；渭，渭水，发源于甘肃，经陕西流入黄河。泾水清，渭水浊，泾水流入渭水时，泾水不浑浊，是谓泾渭分明。比喻是非分明。

徒使新贵矜云泥[1]。稽山一老贫无食，衣破履穿面黧黑[2]。谁知快意举世无，南山[3]之南北山北。(《放歌行》)

通塞本细事，于我奚[4]失得！袁安[5]卧空庐，亦度风雪夕。如何慕温饱，挠节不自惜！我突无炊烟，或至日中昃[6]。小儿抱遗经，衣短两胫赤，吟诵何琅琅，声如出金石，掩卷语乃翁，圣有陈蔡[7]厄。(《书志》)

第二是戒惰偷。他说：

---

① 矜云泥：矜，夸耀。云泥，谓云在天，泥在地，喻人地位悬隔，道路有异，有的在天上，有的在地下。杜甫《送韦书记赴安西》："夫子欻通贵，云泥相望悬。"

② 黧（lí）黑：同"黎黑"。脸色黑，面目黑也作黧黑。

③ 南山句：《三国志·蜀书·法正传》裴松之注引《三辅决录》注："（法）真，字高卿……常幅巾见扶风守，守曰：'……欲相屈为功曹，何如？'真曰：'以明府见待有礼，故四时朝觐；若欲吏使之，真将在北山之北南山之南矣。'"

④ 奚：这里是疑问代词，犹"何"。

⑤ 袁安：东汉汝南汝阳（今河南商水西南）人，字君公，明帝时任楚郡太守，河南尹，以严明著称。《后汉书·袁安传》李贤注引《汝南先贤传》："时大雪积地丈余，洛阳令身出案行，见人家皆除雪出，有乞食者，至袁安门，无有行路，谓安已死，令人除雪入户，见安僵卧。问何以不出，安曰：'大雪人皆饿，不宜干人。'"

⑥ 昃（zè）：太阳偏西。

⑦ 陈蔡：古国名。陈，周朝国名，在今河南东南和安徽北部。蔡，周朝国名，在今河南上蔡县西南，后迁到新蔡一带。

努力戒惰偷，尧舜可庶几[①]。我今齿发弊，强健复几时？一寸学古心，自视犹可为！鸡鸣推枕起，为善亦孳孳[②]。（《自警》）

他在晚年努力耕读，勤于德业，便是这种精神的具体表现。

第三是慎微。放翁虽然是“颓然自以放名翁，”实际上，他是一个最谨慎不过的人。他对于极平常，甚至别人认为没有谨慎的必要的事情，还如履薄冰般地小心谨慎。如：

清谈数语犹疑过，平地徐行亦虑危。（《试笔》）

他为什么竟至这样地小心谨慎呢？这是因为他见到“祸患常积于忽微”（欧阳修语），一切滔天大祸的生成，完全是起自涓涓细流的小过失。因而对于细小的过失，甚至人所不经意的地方，他是特别留意的。他说：

一念少放逸，祸败生逡巡。（《养生》）

勤俭贫亦足，戒惧祸终轻。（《自儆[③]》）

---

① 庶几：或许，可能，差不多。表示可能。《庄子·庚桑楚》：“庶几其圣人乎！”

② 孳孳（zī zī）：同“孜孜”，勤勉。

③ 儆：儆戒，让人觉悟而不犯过失。

这几句诗，是“清谈数语犹疑过，平地徐行亦虑危”的原因的说明。关于“祸患常积于忽微”这一个理念，他更有让人触目惊心的说明，如：

尧德①被四表，其本②在身修。江河③水稽天，发源乃涓流。人忍④于搏虱，习熟且解牛⑤。象箸⑥与玉杯，漆器实其由。斯须⑦失兢畏，恶名溢九州。始乎为善士，终可蹈轲丘⑧。孰⑨置

---

① 尧德句：《书·尧典》：“曰若稽古帝尧，曰放勋，钦明文，思安安，允恭克让，光被四表。”四表，四方极远之地，泛指天下。

② 其本句：《礼记·大学》：“心正而后修身，身修而后家齐，家齐而后国治，国治而后天下平。自天子以至于庶人，壹是皆以修身为本。”

③ 江河二句：《孔子家语·观周》：“涓涓不壅，终为江河。”《庄子·逍遥游》：“大浸稽天而不溺。”稽，至也。

④ 人忍句：《列子·汤问》：“（纪）昌以氂悬虱于牖，南面而望之，旬日之间，浸大也；三年之后，如车轮焉……乃以燕角之弧、朔蓬之簳射之。贯虱之心，而悬不绝。”

⑤ 解牛句：参见第106页注⑤。

⑥ 象箸二句：《史记·宋微子世家》：“纣始为象箸，箕子叹曰：彼为象箸，必为玉杯；为杯，则必思远方珍怪之物而御之矣。舆马宫室之渐自此始，不可振也。”又《史记·刺客列传》：“赵襄子最怨智伯，漆其头以为饮器。”

⑦ 斯须句：斯须，很短的时间。兢兢，小心谨慎的样子，《诗·小雅·小旻》：“战战兢兢，如临深渊，如履薄冰。”畏：畏惧。

⑧ 轲丘：指孟轲与孔丘。

⑨ 孰：疑问代词，谁，哪个（表示选择），什么。

汝太山，孰挤汝污沟，降福孰汝私，得祸孰汝雠①。圣狂②在一念，祸福③皆自求。（《老学庵自规》）

这一段，把慎微的道理，阐发得极为清楚。由此可知，不但进德应该慎微，其它的事情，全应该如此。

第四是不自欺。这在儒家伦理学说中，也是最重要的一点。放翁在老年的时候，对于这一点特别注意，如：

老学衡茅④底，秋毫敢自欺！（《老学庵》）

要于一念间，不敢欺仰俯⑤。（《作野饮诗后一日复作此篇反之》）

他在诸德里边，特别看重不自欺，认定它也是进德修业的先务，如：

学自不欺始，智由无事行。（《自儆》）

自欺的人，必认为他人可欺，这是很错误的见解。一个人的心地不正，还不用等他做出坏事来，他的神气态

---

① 雠（chóu）：同“仇”，仇敌。

② 圣狂句：《书·多方》：“惟圣罔念作狂，惟狂克念作圣”

③ 祸福句：《左传·襄公二十三年》：“祸福无门，为人所召。”

④ 衡茅：横木为门、茅草为顶的房屋，指房屋很简陋。

⑤ 仰俯：指上下。

度，早已表现在外边。《大学》上所说的“人之视已，如见其肺肝然，”真是千真万确的话。放翁诗中，对于这点，也有和《大学》同样的说明，如：

> 勿谓在屋漏，人见汝肺肝。（《自勉》）

第五是重日新。由于他的谨慎和不自欺的性格，所以对于自已，约束得极严，时时刻刻地留意自己的过失，而加以改正。如：

> 学古忘衰疾，斋心[1]洗昨非。拳拳[2]奉天理[3]，坦坦[4]息心机[5]。改过先幽隐，收功在细微。（《学易》）

消极地改过，他还不以为满足，并且主张进德工夫，须要有日新的精神，须要积极地孳孳为善。如：

---

① 斋心句：《庄子·人间世》：“虚者，心斋也。”

② 拳拳：恭谨恳切的样子。

③ 天理：自然法则。

④ 坦坦：宽平的样子。

⑤ 心机：心计。

进德①工夫在日新②，正如更历自知津③。（《进德》）

一寸学古心，自视犹可为。鸡鸣推枕起，为善亦孳孳。（《自警》）

为善孳孳进德新，鸡鸣④每念舜何人。此身强健直须勉，一日会当无此身。（《闻鸡鸣自喜》）

他认定修身完全在我，“一日能用力，三年亦有成”（《自规》），他根据这种见地，孜孜不倦，直到老死而后已。

修身在我尔，勉勉尽余生。（《自规》）

以上是放翁晚年进德思想的说明。我们知道，他这种思想，并不算一种新见解，它完全是过去思想的重演。在宋代理学家中，这样主张和实践这种主张的人，简直是多得很。不过我们要知道，放翁不是理学家，而是一位诗

---

① 进德：《易·乾·文言》：“君子进德修业，欲及时也。”

② 日新：《礼记·大学》：“汤之《盘铭》曰：‘苟日新，日日新，又日新。’”

③ 知津：津，渡口，代指路途。《论语·微子》：“是知津矣。”

④ 鸡鸣句：《孟子·尽心上》：“鸡鸣而起，孳孳为善者，舜之徒也。”

人，更是豪放不羁[1]的诗人。诗人浪漫成性，对于一切的人世法，是一概不讲求的。世人全都知道放翁过着浪漫不羁的生活，有谁知道他在晚年的时候，对于个人修养，还过着这种严肃紧张的理学家的生活呢！这是陆放翁最伟大，而使人最佩服的一点。

他在晚年，对于学业的进修，也是孜孜不倦的。因为这样，所以他对于时间特别爱惜，如：

耄齿[2]尤当勉，常忧寸晷[3]移。（《书日用事》）

耄期[4]犹自警，俯仰[5]惜余晖。(《学易》)

我老已无明日计，心存犹惜寸阴[6]移。”(《示子孙》)

他的努力读书和爱惜光阴，是一件分不开的事情。一般人到了老年，就优哉游哉地等待就木了，可是我们的诗人，在老年时，对于读书，却更勤奋起来。他说：

---

① 羁：束缚，拘束。

② 耄齿：指老年。

③ 寸晷（guǐ）：古代用来观测日影以定时间的仪器。

④ 耄期：指老年。《书·大禹谟》：“耄期倦于勤。”

⑤ 俯仰：这里是表示时间短暂。

⑥ 惜寸阴：《晋书·陶侃传》：“常语人曰：‘大禹圣者，乃惜寸阴；至于众人，当惜分阴。’”

惟当老益学，易箦[1]以为期。（《寿考如富贵》）

羸病[2]今年能未死，潜心更下董生帷[3]。（《自励》）

他在示子孙诸诗中，也常常表示志学的决心，如：

此身未死还堪勉，更伴吾儿学数年。（《示子遹》）

我今余年忽八十，归耕幸得安山林。逢人虽叹种种发[4]，入塾尚忆青青衿[5]。吾儿殆可守孤学，相与竭力穷幽深。（《杂言示子聿》）

现在再引他一首诗，以见他老年努力读书的情形，如：

忆昔年少时，把卷惟引睡。惰游过日月，自

---

① 易箦：参见第130页注①。

② 羸（léi）病：瘦弱而有病。

③ 董生帷：《史记·儒林列传》："董仲舒……孝景时为博士。下帷讲……盖三年董仲舒不观于舍园。"董生是对董仲舒的称呼。

④ 种种发：《左传·昭公三年》："余发如此种种。"杜预注："种种，短也。"

⑤ 青青衿：衿，古代衣服的交领。《诗·郑风·子衿》："青青子衿，悠悠我心。"

咎辄涕泗。老来百事废，却觉书多味。岂惟时有得，圣域[1]可坐致。譬如入武库，爣怳[2]不暇视，浅陋安能名，出门但惊喟[3]。天球[4]及河图，千古所共秘，幸今发其藏，虽老敢自弃！（《读书》）

放翁不是一个读死书的人，他是极重实践的，如：

上药养神非近效，善言铭座要躬行[5]。（《自诒》）

圣门初岂远，妙处在躬行。（《铭座》）

古人学问无遗力，少壮工夫老始成。纸上得来终觉浅，绝知此事要躬行。（《冬夜读书示子聿》）

他认为学者应该不负所学，主张理论实践的完全一致，如：

---

① 圣域：韩愈《进学解》：“优人圣域。”

② 爣怳（tǎng huǎng）：失意，不高兴，迷迷糊糊，不清楚。《楚辞·九叹·远逝》：“横舟航而济湘兮，耳聊啾而爣怳。”王安石《梦黄吉甫》：“舟舆来何迟，北望屡爣怳。”亦作“爣慌”。

③ 喟（kuì）：叹气，喟叹。

④ 天球句：《书·顾命》：“天球河图。”

⑤ 躬行：亲自实行。

学须造次[1]常于是，道岂须臾或可离。（《示子孙》）

他更在另一首诗中，强调实践的重要，认为读书还是余事哩！

如：

人生读书本余事，惟要闭门修孝悌[2]。畜豚种菜养父兄，此风乃可传百世。我闻长安官道旁，至今人指魏公庄[3]。北方俗厚终可憙[4]，一字不识勤耕桑。（《感事示儿孙》）

读书惟有能够躬行，能够理论实践一致，更能特别着重实践，才够得上一位真学者。我们对于这一位老诗人，真不禁要有高山仰止之思了。

---

① 造次：匆忙，仓卒。

② 孝悌：也作“孝弟”，儒家的一种伦理思想。孝：善事父母。悌：善事兄长。

③ 魏公庄：即唐朝魏郑公旧庄。魏征，生前封郑国公，卒谥文贞。《大清一统志》：“魏征宅，在咸宁县东南。封演《见闻录》：“魏征所居，室屋鄙陋，太宗欲为营构，辄谦让不受。洎征寝疾，太宗将营小殿，遂撤其材，为造正室，五日而就。开元中，此堂犹在。”《唐会要》：“元和四年，诏访其故居，则质卖已更数姓。帝出内库钱二百万赎之，以还其家。”白居易《杏为梁》：“君不见魏家宅，属他人，诏赎赐还五代孙。”

④ 憙（xǐ）：同“喜”，喜悦。

九、解脱之道（上）

关于放翁晚年思想的入世的一面，在前边已经讲了一个梗概。大体说起来，那种思想是属于自己的进修方面的；态度是严肃的，是前进的。自己的力求进步，个人固然可以完全做主，但若一与外界发生关系，希望社会的各方面也要按照自己的意志向前发展，那可就不容易了。实在讲起来，一切人事，舛错[1]纷杂，不可究诘[2]，它决不会依从个人的意志，而在他所预期的轨道上进行的；相反的，它所表现的不合乎正义理想，而是些黑暗不合理的丑恶相。这在一般有良善的心肠的人们看起来，真要气破肚皮，不能再活下去。古来伟大的哲人和诗人们，也感受到这一点。但他们不只呆呆地生气，而能把人事，再加一番澈底的研究，另发现一种真理，找出一种应付的根据和办法来。庄周和陶渊明的出世思想，便是这样产生的。我们的诗人陆放翁，也是和他们走的同样的道路。

由于他在政治上的失意，对现实的不满，和晚年处境的坎坷，使他的人生观，充分表现出达观的色彩。但他这

① 舛错：差错。

② 究诘：盘问，追问，责问。

达观的出世思想，是完全来自道家的，这在他的诗里不断地有咏读《道德经》、《南华经》的诗句，就可以知道他的思想的渊源所自了。

研究一个人的人生观，必须先了解他的宇宙观，这是因为人生观的确立，是决定于宇宙观的缘故。陆放翁的宇宙观，已经如上所说，是同于道家的，在此处我们不预备细说，只就他诗里所表现的思想，稍微探讨一下。

放翁认为天下本来是清静无事的，由于庸人的自扰，遂搅得天翻地覆，是非频生。

> 天下本无事，庸人扰之耳。（《心太平庵》）
> 天下本无事，庸人实扰之。（《铭座》）

由于庸人的自扰，不但由无事变得有事，而且多事。于是人们对于天地的本来面目，不会再认识，而苦恼也就由此而生了。以下所引，便是苦恼的种种现象，如：

> 可怜痴人竞声利，坐使方寸森五兵。（《醉中怀江湖旧游偶作短歌》）

这是说，痴人迷于声利，费尽心机，遂使方寸不安。这是自取苦恼的第一种现象。

痴人如扑满[1]，多藏作身祟。（《醉眠》）

这是说，痴人贪得无厌，结果致多藏累身。这是自取苦恼的第二种现象。

功名常畏谤谗兴，富贵每同衰病至。（《短歌行》）

谤谗之来，由于功名；衰病之因，肇自富贵。这是自取苦恼的第三种现象。

人生天地间，太仓一稊米[2]，哀哉不自悟，役役以至死。（《秋怀》）

人在天地间的地位，直如太仓之一粟，九牛之一毛，本来小得可怜，在天地间不占什么地位的。而人偏要妄自尊大，以自我为中心，向外界拓展，大有若不征服一切外

---

① 扑满：从前用来存钱的瓦器，象没口的小酒坛。上面有个细长的孔。钱币放进去后，要打破扑满才能取出来。《西京杂记》："公孙宏以元光五年为国士所推尚为贤良国人邹长倩……赠以……扑满一枚，书题遗之曰：'……扑满者，以土为器，以蓄钱具，其有入窍而无出窍，满则扑之。土，粗物也；钱，重货也。入而不出，积而不散，故扑之。士有聚敛而不能散者，将有扑满之败，可不戒欤！故赠君扑满一枚。'"

② 稊（tí）米：一种形状似稗的野草，果实象小米。

物，誓不罢休的趋势。结果身老力疲，役役至死。这是自取苦恼的第四种现象。

> 常笑痴人不更事，时时愁叹欲何欤[1]？（《即事》）

痴人执迷不悟，遇事看不开，常常无谓的愁叹。这是自取苦恼的第五种现象。

陆放翁明白这些苦恼，完全由于痴人自取。于是他就要想他个人断绝苦恼的办法。在要想出断绝苦恼的办法以前，必须先了解人生的真相，始能有济。以下我们就先把他对于一切人事的看法，研究一番。

第一，我们首先讲他对于外物的看法他认为人生是虚幻的、短促的。如：

> 山林独往杂屠钓，世界皆空谁怨恩[2]。（《晚兴》）
>
> 已用[3]浮云看富贵，肯缘[4]华屋叹山丘。（《平生》）

---

① 欤：古汉语助词，表示疑问，用法跟“乎”大致相同。

② 世界皆空谁怨恩：放翁自注：“《禅秘要经》：‘言观空之法，自一城一国一世界至三千大千世界皆空。’”

③ 已用句：《论语·述而》：“不义而富且贵，与我如浮云。”

④ 肯缘句：曹植《箜篌引》：“生存华屋处，零落归山丘。”

大千[1]沙界一浮沤，成坏[2]元知不自由。（《晚步门外散怀》）

此生[3]本幻戏，衰态转眼足。（《和陈鲁山十诗以孟夏草木长逶屋树扶疏为韵》）

百年[4]未必如炊久，万事真须作梦看。（《得京书或怪久不通问》）

人生的空虚短促，拿近代哲学的眼光看起来，知道它确是接近真理的。一个实体的存在，必须含有自性，可是我们看一看宇宙间的森罗万象，那一件东西不是化学上所说的元素所合成的呢？那一件东西，能万古长存而永不发生变化或毁灭？这就是说，一切万物，全没有自性。佛家也说，人身全由四大之虚妄和合而成。这都能说明人生是虚幻的。至于人生的短促，则更容易说明。自宇宙生成，

---

① 大千句："大千"为佛家语，在《大智度论》中有诠释，主旨是以小见大；吕岩《七言》："一粒粟中藏世界，二升铛内煮山川。""沙界"，佛家语，极言诸佛之多；"《金刚般若波罗蜜经》："诸恒河所有沙数诸佛世界如是宁为多不？"浮沤：《大佛顶如来蜜因修证了义诸菩萨万行首楞严经》："反观父母所生之身……如湛巨海流一浮沤，起灭无从。"

② 成坏：《阿毗达摩大毗婆沙论》："劫有三种：一中间劫，二成坏劫，三大劫……经二十中劫，世间成，二十中劫成已住，此合名成劫；经二十中劫，世间坏，二十中劫坏已空，此合名坏劫。"

③ 此生句：《维摩诘所说经·方便品》："是身如幻，从颠倒起。"

④ 百年句：此句用黄粱梦事。唐沈既济《枕中记》记卢生于邯郸道上客店遇道士吕翁授枕入梦，历尽富贵，醒后见店主人蒸黄粱尚未熟。

直到现在，已不知有多少万年，此后更不知要延绵多少万年。在这无限长的时间里，百年之与一刹那，其相去几何？白香山“石火光中寄此身”一句诗，倒很能说明人生的真相哩！

在这虚幻短促的人生过程里，与我并生的万物，是怎样一种情形呢？请看他的诗：

> 醉倚乾坤[①]大，闲知物我齐。（《晚自北港泛舟还家》）
>
> 令尹[②]阅人三仕已，太山[③]在我一毫芒。（《醉舞》）

这种见解，完全是《庄子·齐物论》的余绪。因此他对一般人所称赞的拄天事业，和所瞧不起的儿戏，看得完全是一样的。他并且把拄天事业，一直认为就是儿嬉。

> 人生何处不儿嬉，一世元知孰是非。（《盆池》）
>
> 作个生涯君勿笑，拄天勋业亦儿嬉。（《自咏》）

---

① 乾坤：《周易》中的乾卦和坤卦，指天地，指日月，指国家，指帝后。这里指天地。

② 令尹句：《论语·公冶长》：“令尹子文，三仕为令尹，无喜色，三已之，无愠色。”

③ 太山句：韩愈《调张籍》：“流落人间者，太山一毫芒。”

因为他把一切事情，全都看成儿嬉，儿嬉有什么重要，因此他就把一切的事情都看得很轻了。

瓦裂人间事，云浮身后名。(《夜坐》)

世事元堪笑，吾生[1]固有涯。(《舍北摇落景物殊佳偶作》)

浮生均一哄，事过但兴嗟。(《幽居》)

死到面前犹觉小，事于身外孰非轻。(《逆境》)

第二，我们讲他对于穷通祸福的看法他以为人的生命，既然很短促，那未穷通对于一个人，又有什么关系！因此他就把它看得毫不足道了。如：

穷通何足论，等是百年客。(《夜意》)

他认为禄食功名，仅能使妻子快乐，后人称赏，和自己并没有什么关系。所以对于成败贵贱，应该毫不介意。

死来万古一熟眠，安用虚名传不朽！(《两日意殊不怿[2]作短歌自遣》)

---

① 吾生句：《庄子·养生主》：“吾生也有涯，而知也无涯。”

② 不怿（yì）：怿，欢喜。

禄食妻子乐，功名后人看。成败两蜗角[1]，贵贱一鼠肝[2]。(《寓怀》)

他还以为富贵利达，尽是身外浮荣，这些荣华，俄顷之间，就要变坏。

茆茨[3]不啻[4]足，此外尽浮荣。(《书意示子孙》)

人生不自怜，空受外物械。荣华难把玩，俄顷皆变坏。(《秋夕大风松声甚壮戏作短歌》)

这些俄顷就要变坏的浮荣，对于个人，既不会有多大利益，反过来说，痛苦是完全由它招来。

有位方忧失，无家岂念归。(《寓叹》)

达人忧禄厚，奇祸出名高。(《自儆》)

---

① 蜗角：极言其小。《庄子·则阳》："有国于蜗之左角者，曰触氏，有国于蜗之右角者，曰蛮氏，时相与争地而战。"

② 鼠肝：老鼠的肝，极言"贵贱"的渺小不重要。《庄子·大宗师》："俄而子来有病……子犁往问之……倚其户，与之语曰：'伟哉造化，又将奚以汝为？将奚以汝适？以汝为鼠肝乎？以汝为虫臂乎？'"

③ 茆茨：茅草屋顶。茆，同"茅"。

④ 啻（chì）：但、止、仅。这里是"止"的意思。陈亮《上孝宗皇帝第三书》："人情相去之远，何啻于十百千万也。"

终日患得患失，闹得全身忽冷忽热，焦燥不安，这不是浮名浮利招来的么！所以达人对于高官厚禄，不但不热恋，而反以为忧，要趁早断绝它。

他的祸福观，完全同于老子祸福倚伏的看法。如：

> 君不见塞上①失马翁，马去安知不为福。又不见新丰②折臂翁，臂废身全老乡国。陆翁多难类两翁，著书满屋身愈穷。十年力耕遇水旱，老不能耕年始丰。人言翁穷可闵笑，藿食③鹑衣④天所料。翁方自谓实幸民⑤，对人抱膝惟清啸。即今群公佐明主，长剑拄颐⑥来接武。向非老病

---

① 塞上二句：《淮南子·人间训》：“近塞上之人，有善术焉者，马无故而亡入胡，人皆吊之，其父曰：‘此何遽不能为福乎……’”此乃“塞翁失马焉知非福”的故事。

② 新丰二句：白居易《新丰折臂翁》：“骨碎筋伤非不苦，且图拣退归乡土，臂折来来六十年，一肢虽废一身全。”是说折臂躲避当兵全身的故事。

③ 藿食：粗食。阮籍《咏怀》：“甘彼藜藿食。”藿，通“霍”，《汉书·包宣传》颜师古注：“霍，豆叶也，贫人茹之也。”

④ 鹑衣：衣服破旧。《荀子·大略》：“子夏贫，衣若悬鹑。”鹑，鸟名，鹑鸟尾秃像补丁百结，故形容破烂褴褛的衣服。

⑤ 幸民：幸运或幸福的百姓。《左传·宣公十六年》：“善人在上，则国无幸民。”黄庭坚《同子蟾韵和赵伯充团练》：“付与生平作幸民。”

⑥ 长剑拄颐：《史记·田叔列传》：“令具鞍马绛衣玉具剑。”《战国策·齐策》：“齐婴儿谣曰：大冠若箕，修剑拄颐。”苏轼《武昌铜剑歌》：“君不见凌烟功臣长九尺，腰间玉具高拄颐。”放翁诗意本于苏诗。

又不才，纵欲归休宁见许！（《两翁歌》）

人生祸福难遽论，庙牺乌得为孤豚。君不见猎徒[①]父子牵黄犬，岁岁秋风下蔡门。（《短歌行》）

这种看法，认为一件事情的为祸为福，很难遽下断语，所以他说“人生祸福难遽论”。

第三，讲他对于是非贤愚的看法这完全是《庄子·齐物论》的余绪，认为是非长短贤愚，全是无定的。因为无定，所以不要有意地分别他们，而应该以“忘”和“不言”对付他们。如：

知叟与愚公[②]，毕竟孰是非！（《感寓》）

贤愚竟谁得？今昨两皆非。（《寓叹》）

是非无定言何益，穷达徐观得孰多。（《偶思蜀道有赋》）

彭殇[③]共尽孰修短，尧桀[④]两忘无是非。

---

① 猎徒二句：《史记·李斯列传》：“斯出狱，与其中子俱执，顾谓其中子曰：‘吾欲与若复牵黄犬，俱出上蔡东门逐狡兔，岂可得乎！’”

② 知叟句：这句是愚公移山的故事。

③ 彭殇（shāng）：彭，彭祖，传说是尧帝时期的养生家，代指高寿。殇，没到成年就死去，指短命。《庄子·齐物论》：“莫寿于殇子，而彭祖为夭。”

④ 尧桀句：《庄子·大宗师》：“与其誉尧而非桀也，不如两忘而化其道。”

(《晚步门外散怀》)

第四，讲他对于生死的看法他认为生是暂寓，死是归家，在外长久作客以后，归家是应该的事情。

古者[1]谓死为归人，此身未死均是客。家为[2]逆旅身在途，久寓遽归初不择。(《逆旅行》)

寓形天壤间，大抵皆逆旅。(《感遇》)

人的有生之年，速如朝露，死对于人是一件无关轻重的事情。所以对于它的迟速，不加愠[3]喜，任其自然迁化，是每一个人应抱的态度。

百年终归朝露速，一死正自秋毫轻。(《雨中排闷》)

吾生本暂寓，无日不可死。区区迟速间，何地着愠喜。(《信笔》)

他又从自然现象的变化上，证明死是一种极合理的现象，以为人到死时，就应该安然就死，对于生的恋恋不舍，是没有用的。

---

① 古者句：《尸子》："鬼者归也，故以死人为归人。"

② 家为句：陶渊明《杂诗》："家为逆旅舍，我如当去客。"

③ 愠（yùn）：含怒怨恨。

> 万化纷纷本一机，不为腐骨欲安归。（《晚步门外散怀》）
>
> 四序[1]如循环，万物更盛衰。我亦寓斯[2]世，如客会当归，骊车[3]已在门，恋恋终何为。（《赠燕》）

以上是说明死是没有什么可怕，此外他更积极地说明死时和死后的快乐，如：

> 古今共有死，长短无百年。方其欲瞑[4]时，如困得熟眠。世以生时心，妄度死者情，疑其不忍去，一笑[5]可绝缨。（《对酒》）

---

① 四序句：《庄子·天道》："春夏先，秋冬后，四时之序也。"

② 斯：文言指示代词，这、此、这个、这里。

③ 骊车句：《汉书·王式传》："歌骊驹。"颜师古注："服虔曰：逸诗篇名也，见《大戴礼》，客欲去，歌之。文颖曰：其辞云'骊驹在门，仆夫具存；骊驹在路，仆夫整驾'也。"

④ 瞑：闭上眼睛，瞑目静思，又指眼睛昏花。

⑤ 一笑句：《史记·滑稽列传》："淳于髡仰天大笑，冠缨索绝。"缨，古代帽子上系在颔下的带子，也泛指带子。

劳生[1]常羡髑髅乐，死时[2]却悔生时错。（《对酒怀丹阳成都故人》）

根据以上的理由，他认为死是毫不足惧的。如：

死去肯为浮世恋！此身元自不应来。（《秋思》）

死到面前犹觉小，事于身外孰非轻！（《逆境》）

---

① 劳生句：《庄子·至乐》："庄子之楚，见空髑髅（dú lóu）……夜半髑髅见梦曰：'……死，无君于上，无臣于下，亦无四时之事，从然以天地为春秋，虽南面王乐不能过也。'庄子不信，曰：'吾使司命复生子形，为子骨肉肌肤反子父母妻子闾里知识，子欲之乎？'髑髅深矉蹙頞曰：'吾安能弃南面王乐，而复为人间之劳乎？'"髑髅，死人的头骨。

② 死时句：《庄子·齐物论》："予恶乎知夫死者不悔其始之蕲生乎？"

十、解脱之道（下）

放翁对于宇宙的虚幻、人生的短促，既已认识清楚，知道一般痴人所认为那些不得了而常常苦恼着的事情，看破以后，并没有什么，直是如一羽之轻，直是如癣疥之龌龊[①]。他曾有诗说道：

本来只道千钧重，看破元无一羽轻。（《书事》）

世间俱癣疥，何事苦爬搔。（《自儆》）

他警诫自己对于这空虚短促的人生，龌龊不堪的世事，不要为它所蔽。要从广处大处着眼，才能认识它的真相，而有合理的应付方法，所以他说：

人生须广大，勿作井中蛙[②]。（《自诒》）

---

① 龌龊：不干净，卑鄙龌龊。

② 井中蛙：《庄子·秋水》：“井蛙不可以语于海者，拘于虚也。”此处是“坐井观天”之意。

欲对世事有合理的应付方法，必须先有适宜的心境。所谓适宜的心境，便是虚静。因为心若清静得如止水明镜似的，它才能洞鉴外物，而能见到宇宙人生的真相，这样才不会心为形役，而能拿出一种力量来，以合理的方法，应付那些虚幻龌龊的世事。

关于他主张虚静的话，他的诗里曾经说过：

自今师古训，念念贵清静[1]。（《小疾自警》）

怎样胸中方算虚静呢？他的意思，认为须要似虚舟，如白练；要不著一点愁，要不著一毫伪，如：

平生涉世似虚舟[2]，不著胸中一点愁。（《平生》）

胸中白如练，不著一毫伪。（《醉眠》）

能虚能静，心才能太平，才能放下一切，才能洗却胸中的芥蒂[3]。

无事自能心太平，有为终蔽性光明。（《书怀》）

---

① 清静：《史记·老庄申韩列传》："李耳无为自化，清静自正。"

② 虚舟句：《庄子·列御寇》："泛若不系之舟，虚而遨游者也。"涉世：经历世事。虚舟：空船也，比喻胸怀宽大。

③ 芥蒂：梗塞的东西，比喻心里的嫌隙或不快。

放下元来总无事，鸡鸣犬吠送残年。（《自咏绝句》）

静观兴废事，可洗芥蒂胸。（《与子坦子聿游明觉十四韵》）

因为虚静，才能心安，关于安心的诗，现在也引一些，如：

浮世不堪供把玩，安心随处是修行。（《道院遣兴》）

人生[1]斯世无别巧，要在遇物心不竞。（《短歌行》）

在这澄如止水的心境下观察外物，才能不为所蔽，才能看破一切，而有合理的应付态度。

他的应付世事持什么态度呢？我们从他的诗中，用归纳的方法，找出他的应付世事的态度有“付自然”、“莫认真”、“痴顽”、“困弱”、“深藏”、“达观”、“任运”、“止足”八个方面。兹依次说明如下：

第一，“付自然”。即是对于万事万物，不加闻问，听其自尔。对于一切苦乐忧喜穷达死生等等，付诸自然，

[1] 人生二句：人生在这世上，没有别的巧妙的办法。只有约束自己的心竞，排除外物，即名利地位的干扰和诱惑，才能达到“虚静”。

心中对它们不起任何的反应，不加丝毫的分别。如：

万事付自然，孰为乐与悲。（《寿考如富贵》）

极知万事不劳问，欲住一庵谁与同。（《欲卜庵居未有胜地作诗识之》）

随缘久已均忧喜，玩世惟须半醉醒。（《道室即事》）

穷达真两忘，生死付一贯。（《甲寅元日予七十矣酒间作短歌示子》）

第二，“莫认真”。世事如梦如幻，遇事时，对它不必著意，过去以后，就把它看做风之过耳，不必再牵念不忘。如：

世事[①]恰如风过耳，微聋[②]正好不须治。（《社日小饮》）

---

① 世事句：李白《答王十二寒夜独酌有怀》：“世人闻此皆掉头，有如东风射马耳。”

② 微聋句：叶梦得《石林诗话》：“世言社日饮酒治聋，不知其何据。五代李涛有《春从李昉求酒》诗云：‘社公今日没心情，为乞治聋酒一瓶……’”

梦事饱曾经，灵台①了不惊。冤亲②同一妄，魔佛两皆平。应物如风过，投床即鼾声。晨兴拂几砚，犹恨太劳生。（《纵笔》）

以上两点是主要的。

第三，“痴顽”。对于虚幻的世事，既然不必认真，而且若以精明的态度来应付它，还要生莫大的苦恼。所以放翁主张要以痴顽二字应付它。如：

平生万事付憨痴，兀兀腾腾③到死时。（《自咏》）

痴顽④直为多更事，莫怪胸怀抵死宽。（《闲中偶题》）

他用痴顽态度应付世事的理由，是因为可以洗患难，可以安乐。如：

---

① 灵台：《庄子·庚桑楚》：“不可内于灵台。”郭象注：“灵台者，心也。”

② 冤亲：《景德传灯录·慧能大师》：“佛教慈悲，冤亲平等。”

③ 兀兀腾腾：昏昏沉沉，懒懒散散。

④ 痴顽：《新五代史·冯道传》：“契丹灭晋，道又事契丹，朝耶律德光于京师……德光诮之曰：‘尔是何等老子？’对曰：‘无才无德，痴顽老子。’”

不独夸痴顽，自足洗患难。（《甲寅元日予七十矣酒间作短歌示子》）

古言忍字似而非，独有痴顽二字奇。此是龟堂安乐法，大书铭座更何疑！（《杂感》）

以痴顽态度应付世事的情形，他更有一个很好的自述。如：

兀兀一无为，冥冥百不知。倦多惟嗜睡，食晚遂忘饥。开卷浑如梦，逢人不省谁。何须觅知识，木石即吾师。（《纵笔》）

第四，“困弱”。老子所谓强梁者不得其死，庄子所谓不材而全，都是放翁最得力的地方。他见到强梁者不得其死，所以不惜唾面自干。见到材者多不能自全，竟愿支离其身。如：

陆君拙自谋，七十犹粝食[1]。著书虽如山，身不[2]一钱直。默自[3]观我生，困弱良得力。转

---

① 粝食：用糙米做的食物。

② 身不句：《史记·魏其武安侯列传》：“生平毁程不识不直一钱。”

③ 默自句：《易·观卦》：“象曰：观我生进退，未失道也。”

喉[1]畏或触，唾面[2]敢自拭。世路方未夷，机阱[3]宁有极。但能常闭门，尊拳[4]贷鸡肋。（《自规》）

嗟哉黄鸦一何陋，性喜隐翳[5]藏荒囿[6]。烟深翅重飞不起，鸣声彀彀知雨候。夜与妖鹏[7]群，又似恶白昼。羽毛不足辱弹射，滋味不足登俎豆[8]。捕之既无用，鬻[9]之又不售。譬之人以支离而全[10]，木以臃肿[11]而寿。若予者，智不能

---

① 转喉句：韩愈《送穷文》：“转喉触讳。”意思是婉转敬畏的给别人说话，或者还触犯了别人。

② 唾面句：《新唐书·娄师德传》：“其弟守代州，辞之官（师德）教之耐事，弟曰：‘人有唾面，洁之乃已。’师德曰：‘未也，洁之是违其怒，正使自干耳。’”

③ 机阱：设置着机关的扑野兽用的陷坑。

④ 尊拳句：《晋书·刘伶传》：“尝醉，与俗人相忤，其人攘袂奋拳而往，伶徐曰：‘鸡肋不足以安尊拳。’其人笑而止。”

⑤ 隐翳（yì）：隐藏遮蔽。

⑥ 囿：养动物的园子。

⑦ 鹏（fú）：古书上说的象猫头鹰一类的鸟。

⑧ 俎（zǔ）：古代祭祀时盛牛羊等祭品的器具或割肉用的砧板。

⑨ 鬻（yù）：卖。

⑩ 支离而全：《庄子·人间世》：“支离疏者，颐隐于脐，肩高于顶，会撮指天，五管在上，两髀为胁……上征武士，则支离攘臂于其间；上有大役，则支离以有常疾不受功；上与病者粟，则受三钟粟与十束薪。夫支离其形者，犹足以养其身，终其天年，又况支离其德者乎！”

⑪ 臃肿：《庄子·逍遥游》：“惠子谓庄子曰：‘吾有大树，人谓之樗，其大本臃肿而不中绳墨，其小枝卷曲而不中规矩。立之途，匠人不顾。’”

知农圃，学不能举孝秀[1]，名不哗[2]世，动得嘲诟[3]，是亦天下不材之尤，尚何议乎汝后！（《黄鸦吟》）

第五，“深藏”。涉世贵深藏的道理，在他的示儿诸诗中说得很多，如：

福莫[4]大于不材之木，祸莫[5]惨于自跃之金。鹤生[6]于野兮何有于轩！桐爨[7]则已兮岂慕为琴！

① 孝秀：孝廉秀才。

② 哗：喧哗，喧闹。此处作声誉解。

③ 嘲诟：嘲笑辱骂。

④ 福莫句：《庄子・山木》：“庄子行于山中，见大木枝叶盛茂，伐木者止其旁而不取也。问其故，曰：‘无所可用。’庄子曰：‘此木以不材得终其天年。’”

⑤ 祸莫句：《庄子・大宗师》：“今大冶铸金，金踊跃曰：‘我且必为莫邪。’大冶必以为不祥之金。”

⑥ 鹤生句：《新唐书・薛稷传》：“稷，字嗣通……稷外祖魏征家，多藏虞褚书，故锐精临倣，结体遒丽。遂以书名天下。画又绝品。”张彦远《历代名画记》：“稷，尤善花鸟人物杂画，画鹤知名，屏风六扇鹤样，自稷始也。”

⑦ 桐爨句：《后汉书・蔡邕传》：“吴人有烧桐以爨者，邕闻火烈之声，知其良木，因请而裁为琴，果有美音，而其尾犹焦，故时人名曰：焦尾琴焉。”桐爨：用桐木烧火煮饭。

古今共戒玉自献[①]，卷舒要似云无心[②]。(《杂言示子聿》)

得道[③]如良贾，深藏要若无。冶金[④]宁辄跃？韫玉[⑤]忌轻沽。(《示儿》)

第六，“达观”。他看到一般人为俗务所撄[⑥]，困扰得好像戴上囚械，真是苦恼万端，白白地自残其生。所以他主张人情万变，与我无关，纵然是天大的事，只要酬之以一笑，无不化险为夷，忧患皆空。所以这个“笑”字，是他应付忧患的一个绝好的法宝。他的诗里提到这个法宝的应用的时候很多。如：

人生困纠缠，一笑脱囚械。(《杂感》)

老来阅尽荣枯事，万变惟应一笑酬。(《孤

---

① 玉自献：《韩非子·和氏》：“楚人和氏得玉璞楚山中，奉而献之厉王。厉王使玉人相之，玉人曰：‘石也’。王以和为诳，而刖其左足。及厉王薨，武王即位，和又奉其璞而献之武王。武王使玉人相之，又曰：‘石也’。王又以和为诳，而刖其右足。武王薨，文王即位，和乃抱其璞而哭于楚山之下王乃使玉人理其璞而得宝焉，遂命曰和氏之璧。”

② 云无心：陶渊明《归去来兮辞》：“云无心以出岫。”

③ 得道二句：《老子》：“良贾深藏若虚。”

④ 冶金句：参见第170页注⑤。辄跃：炫耀。

⑤ 韫玉句：《论语·子罕》：“子贡曰：有美玉于斯，韫椟而藏诸？求善贾而沽诸？子曰：沽之哉！沽之哉！我待沽者也。”韫：包含，蕴藏，同“蕴”。

⑥ 撄（yīng）：接触，触犯；纠缠，扰乱。

坐无聊每思江湖之适》)

人情万变吾何预，笑口何妨处处开。(《即事》)

一笑不妨闲过日，叹衰忧死却成痴。(《戏遣老怀》)

世事虽万端，但可笑绝缨[1]。君看郊与岛，徒自残其生。(《秋晚闻禽声五韵》)

第七，“任运”。放翁在少年的时候，是一位才高气壮，有志功名的人。后来饱经忧患，就变成一位委心任运安贫乐道的人了。如：

少日狂疏触怒嗔，每缘忧患丧吾真。晚收[2]咄咄书空手，却作[3]腾腾任运人。(《杂咏》)

他晚年的诗里，关于知命任运的话，说得很多，我们且引一部分，如：

昔人言可用，第一忌安排。(自注：徐仲车有请问于安定先生，先生曰：“莫安排。”)(《村

① 但可句：参见第158页注⑤。

② 晚收句：《世说新语·黜免》：“殷中军（浩）被废，终日恒书空作字，窃视，惟作‘咄咄怪事’四字而已。”

③ 却作句：《景德传灯录》：“腾腾和尚《了元歌》：‘今日任运腾腾，明日腾腾任运。’”

舍杂兴》)

过得一日过一日，人间万事不须谋。(《醉中信笔作四绝句既成惧观者不知野人本心也复作一绝》)

识取乃翁行履处，一生任运笑人谋。(《寄二子》)

第八，“止足”。“知足不辱，知止不殆”，本来是老子《道德经》中一个重要的经验教训。陆放翁也把它全盘接收过来，作为自己的处世秘诀之一。现在把关于他这种思想的诗，也引一些，如：

止足①极知于道近，痴顽更喜与人疏。(《归老》)

知止乃不殆，此语良非虚。(《二爱》)

一裘虽弊可度风雪虐；一箪虽薄未有旦夕忧。(《溪上杂言》)

庐室但取避风雨，衣食过足岂所钦！(《杂言示子聿》)

① 止足句：《汉书·隽疏于薛平彭传》：“疏广行止足之计，免辱殆之累。”

多泥[1]穷巷破茆屋，人不[2]堪忧心自足。（《偶与客饮客去戏作》）

一条纸被平生足，半碗藜羹百味全。（《自咏绝句》）

他的处世接物的方法和态度，到此为止，做了一个比较详细的介绍，不过还有一点需要说的，就是：他这种处世思想，是不是应用到实践方面呢？应用到实践方面所发生的效果，又怎样呢？关于这两个问题，我还用他自己的话来作解答，他说：

要知此老神通否？二十年来不识愁。（《闲游》）

年来勋业君知否？纛[3]下新降百万魔。（《明日观孤寂诗不觉大笑作长句自解》）

---

① 多泥句：杜甫《秋述》："秋，杜子卧病长安旅次，多雨生鱼，青苔及榻。常时车马之客，旧雨来，今雨不来……呜呼！冠冕之窟名利卒卒，虽朱门之涂泥，士子不见其泥，矧抱疾穷巷之多泥乎？"

② 人不句：《史记·仲尼弟子列传》："颜回者，鲁人也，字子渊……孔子曰：'贤哉回也，一箪食，一瓢饮，在陋巷，人不堪其忧，回也不改其乐。'"又："原宪字子思……孔子卒，原宪遂亡在草泽中。子贡相卫，而结驷连骑，排藜藿入穷阎，过谢原宪。宪摄敝衣冠见子贡，曰：'吾闻之，无财者谓之贫，学道而不能行谓之病。若宪，贫也，非病也。'"

③ 纛（dào）：古代军队里的大旗。

前面已经说过，放翁是一个极重实践的人，由上面所引的诗句，我们知道他的理论与实践，是完全一致的；更可以知道他是极有修养的一位老人。

介绍放翁晚年的思想到此为止。由以上三篇的说明，我们可以知道，他的入世一面的思想，即儒家思想，是他高咏爱国诗安贫乐道，努力耕读等实践生活的理论上的根据。而那出世一面的思想，即道家思想，也作着他那消闲生活，养生方法和其它颓放生涯的指导的原理。儒道两家思想，本有好多冲突的地方，放翁对个人的修养，完全采取儒家的积极精神，一和外界发生关系，又完全换一副眼镜，而采取道家的消极看法，他能调和二者，使它们并行不悖。[①]

放翁的本来性格，是积极的，是进取的，他从幼至老，一贯地有着这种精神的。他那出世的态度，完全是失意后一种解脱的办法。不过须要知道，解脱并不是一件容易的事。一般性行狷介[②]勇于进取的人，如屈原柳宗元辈，在失意以后，郁郁不自得，自己没有解脱之术，结果自殒其生，这些且不必说。至如蔑弃世事违背礼法的所谓魏晋时代竹林七贤的那些达观废物们，是更不合乎我们的理想的。放翁于失意之际，独能调和于出世入世之间，变儒家的严肃面孔，使其不再呆滞，救道家玄虚之弊，并矫正其过分任达。由于这一点，近来就有人说放翁够不上

① 悖（beì）：相反，违反。

② 狷（juàn）介：性情正直，不肯同流合污。

"放"，但我们却认为这正是难能可贵的一点，也正是放翁伟大的地方。

民国三十七年六月（1948 年 6 月）

脱稿于国立北平师范大学丁字楼

附　录

本书所引陆放翁的诗，大部分诗在钱仲联《剑南诗稿校注》中找到出处。此书 2005 年 4 月新一版，全书共八册，第八册含小字典。为使读者查阅方便，我们整理如下：

“P”代表字典页数，“/”斜线左是册数，右是页数。

一、爱国诗人

1.《示儿》	P28	8/4542
2.《东郊饮村酒大醉后作》	P58	2/695
3.《悲歌行》	P118	7/3704
4.《题幽居壁》	P151	8/4110
5.《感愤》	P129	3/1238
6.《闻虏政衰乱扫荡有期喜成口号》	P140	3/1285
7.《书愤》	P100	3/1346
（早岁那知世事艰）		3/1346
（清汴逶迤贯旧京）	P100	3/1420
（山河自古有乖分）	P100	4/1906

8.《夜读兵书》	P68	3/1546
（八月风雨夕）		3/1546
9.《数日不出门偶赋》	P143	5/2761
10.《仲秋书事》	P39	8/4232

二、穷困生活

1.《困甚戏书》	P48	4/1896
2.《戏作贫诗》	P148	5/2471
3.《示子遹》	P27	7/3574
4.《饥寒吟》	P93	5/2605
5.《长歌行》	P56	5/2521
6.《贫甚戏作绝句》	P111	7/3580
7.《倚楼》	P92	6/2808
8.《书喜》	P98	5/2416
9.《戏作治生绝句》	P148	5/2405
10.《绝禄以来衣食愈不继小儿力图之殊未有涯予谓不若痛节用尔示以此诗》	P126	5/2559
11.《饥作戏咏》	P93	4/2001
12.《贫乐》	P111	4/2183
13.《饥寒吟》	P93	5/2605
14.《讲学》	P149	6/3381
15.《闲居自述》	P124	5/2277
16.《朝饥示子聿》	P117	6/2804
17.《薪米偶不继戏书》	P144	5/2547

三、老尚贪书课

1.《发书画还故山戏书》	P126	2/862
2.《示儿》	P28	4/1663
3.《初春书怀》	P51	6/3276
4.《戏遣老怀》	P148	7/3679
5.《开岁愈贫戏咏》	P124	8/4093
6.《冬夜读书》	P33	3/1480
（所求衣食足）		3/1480
（挑灯夜读书）		3/1480
7.《读书》	P161	3/1118
（放翁白首归剡曲）		
8.《醉赋》	P142	8/4376
9.《读旧稿有感》	P162	5/2529
10.《雨后极凉料简箧中旧书有感》	P61	2/990
11.《晨起》	P105	6/3219
12.《寒夜读书》	P122	6/3268
13.《夜中起读书戏作》	P64	3/1283
14.《示子遹》	P27	8/4355
15.《示儿》	P28	4/1663
16.《冬夜对书卷有感》	P33	6/3240
17.《示子聿》	P27	4/1852
18.《秋夜读书》	P80	6/2879
（门前客三千）		6/2879
19.《莫辞酒》	P89	8/4390

20.《午枕》	P23	5/2683
21.《灯下读书戏作》	P147	5/2580
22.《睡觉闻儿子读书》	P131	4/1818
23.《苦雨叹》	P56	4/1697
24.《村舍杂书》	P47	5/2514
（读书乃一癖）		5/2514
25.《寒夜读书》	P122	3/1490

四、归休但力耕

1.《示子孙》	P27	6/2943
（为贫出世退为农）		6/2943
（吾家世守农桑业）		6/2943
2.《幽居记今昔事》	P77	8/4167
（上世本为农）		8/4168
（总角入家塾）	P77	8/4167
（昔自京口归）	P77	8/4172
（今兹垂九十）	P77	8/4167
3.《春尽遣怀自注》	P73	5/2245
4.《悲歌行》	P118	7/3704
5.《春晚怀故山》	P72	6/3134
6.《弊庐》	P139	6/2904
7.《种蔬》	P139	5/2586
8.《小园》	P19	3/1041
9.《蔬圃绝句》	P141	3/1077
10.《雨过行视舍北菜圃因望北村久之》	P61	6/2908

11.《农家歌》	P133	6/3217
（东村买牛犊）		6/3217
（八月租税毕）		6/3217
12.《秋思》	P80	8/4268
13.《村居》	P47	7/3551
14.《农家》	P133	8/4247
（盗息无排甲）		8/4247
（东舍女乘龙）		8/4248
（租犊畊荞地）		8/4248
（新作地炉成）		8/4249
（诸孙晚下学）		8/4249
（农家自堪乐）		8/4247
15.《秋思》	P80	8/4268
16.《村居》	P47	7/3551
17.《邻曲小饮》	P139	3/1174
18.《村舍杂书》	P47	5/2510
（五月新面成）		5/2511
（我本杞菊家）		5/2510
（舍北作蔬圃）		5/2511
（舍南种胡麻）		5/2511

五、只将闲送老（上）

1.《北窗睡起》	P30	6/3008
2.《幽居遣怀》	P77	7/3856
3.《五月初病体益轻偶书》	P22	5/2488

4.《无酒歎》	P118	5/2574
5.《醉中作》	P141	1/356
6.《饮酒》	P119	1/424
7.《对酒》	P138	8/4371
8.《病酒新愈独卧苹风阁戏书》	P95	1/412
9.《杂兴》	P155	5/2703
10.《竹窗昼眠》	P39	4/2150
11.《雨中作》	P59	5/2407
12.《醉眠曲》	P142	3/1085
13.《午睡》	P23	6/3347
（梅黄雨足喜初晴）		6/3347
（槐楸阴里绿窗开）		6/2819
（风霜践残岁）		2/925
14.《客去》	P87	6/2951
15.《酒熟》	P96	5/2335
16.《睡起》	P131	4/2152
17.《午梦》	P23	2/584
18.《睡起已亭午终日凉甚有赋》	P131	6/3350
19.《睡》	P131	3/1096

六、只将闲送老（下）

1.《游近山》	P120	5/2581
2.《山行》	P16	7/3433
3.《冬初出游》	P33	5/2591
4.《舍北行饭》	P63	7/3399

5.《出游归卧得杂诗》	P35	7/3898
6.《小舟游近村舍舟步归》	P18	4/2192
7.《病起游近村》	P95	5/2336
8.《东村》	P57	5/2594
9.《游近山僧庵》	P120	8/4245
10.《僧房假榻》	P139	1/126
11.《村居书事》	P47	7/3643
12.《园中作》	P131	6/2915
13.《书意》	P99	8/4140
14.《定命》	P69	6/3018
15.《老甚自咏》	P36	6/3288
16.《东篱》	P58	7/3691
17.《老境》	P36	5/2458
18.《秋晴每至园中辄抵暮戏示儿子》	P82	4/2052
19.《小雨偶出邻里小儿竞随吾后不知其意何也》	P18	6/2938
20.《幽栖》	P77	6/3037
21.《幽居述事》	P77	6/3245
22.《杂书幽居事》	P154	7/3460
23.《午饭》	P23	5/2445
24.《偶与客饮客去戏作》	P110	6/3258
25.《雨晴》	P61	4/1830
26.《灌园》	P159	6/3219
27.《书况》	P98	7/4054
28.《东篱杂题》	P58	7/3530

（终日在冬篱） P58 7/3530

（深居远悔吝） P58 7/3531

（昨日一花坼） P58 7/3531

（南陌归虽久） P58 7/3531

（沟声流激激） P58 7/3532

七、养生有方

1.《署中北窗昼卧有作》 P118 8/4181

2.《寿考如富贵》 P137 5/2444

3.《人寿至耄期》 P12 8/4216

4.《中夜睡觉两目每有光感而有作》 P23 6/2862

5.《书意》 P99 8/4451

（养生慕黄老） 8/4451

（饮酒以散愁） 7/3875

（清晨坐堂上） 7/3875

（我岂樗栎哉） 7/3876

（唐尧授人时） 7/3876

（整书拂几当闲嬉） 8/4140

6.《夜寒燃火有感》 P66 5/2736

7.《道室杂咏》 P121 6/3257

（身是秋风一断蓬） P121 6/3258

（万法元须一理通） 6/3338

（冰霜难与夏虫语） 6/3338

8.《杂感》 P154 6/3191

（养生孰为本） 3191

（一气不遽变）		6/3191
9.《病中作》	P94	5/2305
（牧羊知治民）		5/2305
（老躯百病集）		5/2305
（预章濒大江）	P94	1/88
10.《宴坐》	P97	8/4516
11.《道院述怀》	P121	7/3621
12.《读经》	P162	6/2940
13.《若耶村老人》	P56	6/3235
14.《东斋杂书》	P58	7/3741
（吾闻诸生贤）		7/3743
（养生有妙理）		7/3745
（晨晡节饮食）		7/3745
（徐行舒四脉）		7/3743
15.《降魔》	P70	6/2950
（省事常须勉）		6/2950
（老阅人间久）		6/2950
16.《家居自戒》	P97	6/3271
（淡薄以养寿）		6/3272
（哀哉有限身）		6/3272
17.《夏日》	P90	7/3975
（草芝方出峨眉老）		7/3975
18.《病戒》	P95	8/4197
19.《冬日斋中即事》	P32	8/4297
20.《秋日遣怀》	P78	8/4469

21.《小疾》 P19 8/4476

22.《卧病》 P59 1/454

（人生寓一气） 1/454

（嗟予少多艰） 1/454

23.《病少间作》 P95 8/4498

24.《对食有感》 P137 8/4355

25.《食粥》 P85 5/2462

26.《冬夜作短歌》 P33 5/2440

27.《疾小愈纵笔作短章》 P96 8/4483

28.《访医》 P112 3/1276

29.《晚凉述怀》 P107 6/2834

八、孜孜进德

1.《老学阉自规》 P36 6/2990

（易箦汝所知） 6/2990

（尧德被四表） 6/2990

2.《自勉》 P40 7/3888

3.《自警》 P42 6/3317

4.《人寿至耄期》 P12 8/4216

5.《雪后龟堂独坐》 P103 6/2994

（士生百行虽相补） 6/2995

（丈夫自重如拱壁） 6/2994

6.《感遇》 P129 7/3649

（但能饱菜根） 7/3649

7.《放歌行》 P68 4/1932

九、解脱之道（上）

5.《短歌行》	P119	3/1146
6.《晚兴》	P108	2/582
7.《平生》	P29	2/874
8.《晚步门外散怀》	P107	4/2000
（大千沙界一浮沤）		4/2000
（彭殇共尽孰修短）		4/2000
（万化纷纷本一机）		4/2000
9.《和陈鲁山十诗以孟夏草木长绕屋树扶疏为韵》	P63	1/6
10.《得京书或怪久不通问》	P110	2/957
11.《晚自北港泛舟还家》	P107	5/2484
12.《醉舞》	P142	6/3047
13.《盆池》	P85	3/1315
14.《舍北摇落景物殊佳偶作》	P63	5/2284
15.《逆境》	P87	7/3537
16.《两日意殊不怿作短歌自遣》	P59	8/4290
17.《寓怀》	P123	4/1635
18.《书意示子孙》	P99	8/4388
19.《秋夕大风松声甚壮戏作短歌》	P78	3/1176
20.《两翁歌》	P59	5/2496
21.《短歌行》	P119	8/4284
22.《感寓》	P129	6/3157
23.《偶思蜀道有赋》	P109	8/4406
24.《逆旅行》	P87	5/2636
25.《感遇》	P129	7/3648

26.《雨中排闷》	P60	3/1326
27.《信笔》	P84	5/2341
28.《赠燕》	P158	5/2480
29.《对酒》	P138	4/1928
30.《对酒怀丹阳成都故人》	P138	5/2620
31.《逆境》	P87	7/3537

十、解脱之道(下)

1.《书事》	P97	7/3532
2.《自儆》	P42	6/3377
3.《自诒》	P41	6/3207
4.《小疾自警》	P18	7/3413
5.《平生》	P29	2/874
6.《醉眠》	P142	2/958
7.《自咏绝句》	P41	7/3493
8.《短歌行》	P119	8/4433
9.《寿考如富贵》	P137	5/2444
10.《欲卜庵居未有胜地作诗识之》	P111	6/3308
11.《道室即事》	P121	3/1206
12.《甲寅元日予七十矣酒间作短歌示子侄辈》	P31	4/1984
13.《杂感》	P154	6/3226
14.《纵笔》	P150	8/4413
15.《自咏》	P41	5/2383
16.《闲中偶题》	P124	2/576

17.《自规》	P40	4/2137
18.《黄鸦吟》	P101	8/4132
19.《杂言示子聿》	P154	6/3254
20.《示儿》	P28	6/3186
21.《孤坐无聊每思江湖之适》	P70	6/3107
22.《戏遣老怀》	P148	7/3679
23.《秋晓闻禽声五韵》	P82	7/3603
24.《杂咏》	P154	8/4074
25.《村舍杂兴》	P47	7/3484
26.《醉中信笔作四绝句既成惧观者不知野人本心也复作一绝》	P141	5/2296
27.《寄二子》	P112	6/3092
28.《归老》	P153	6/3255
29.《二爱》	P9	5/2262
30.《溪上杂言》	P136	4/1919
31.《杂言示子聿》	P154	6/3254
32.《偶与客饮客去戏作》	P110	6/3258
33.《自咏绝句》	P41	7/3493
34.《闲游》	P125	7/3619
35.《明日观孤寂诗不觉大笑作长句自解》	P62	7/3731

后 记

二〇〇八年元月六日，是先父萧果忱先生诞辰一百周年纪念日，我们姊弟，缅怀先父，感到当务之急是了结做儿女的多年心愿，将先父未曾面世的书稿——《陆放翁晚年的生活与思想》付梓出版。

萧果忱先生出生于一个本无能力供他求学的贫苦农民家庭，但他靠老人的鼎立支持和自强不息、艰苦奋斗的意志，奇迹般地在本村读了小学、在直隶（今河北省）第八师范（位于正定城内）读了前后师范、在北平（今北京）读了师范大学，成了典型的“学为人师，行为世范”的科班出身的教师。他历任初小、高小、初中、高中、前师、后师、师专，一个“台阶”不落地最后登上了大学讲堂。他在人生职业的选择上，自幼就确定了教书育人，当个好教师的目标。他挚着地爱岗敬业，决心为祖国的教育事业奋斗终生。在教书生涯中，他虽然有过小学校长，师范教导主任、中学、大学教研室主任的头衔，但他始终没有放弃教学第一线的工作。他为人师表，最突出、最令人敬佩的特点，是几十年如一日，始终如一地、热情忘我地为祖国的教育事业奉献了一生。书稿《陆放翁晚年的生活与思想》是他利用大学课余时间编写的，这足以说明他有学术研究和写作的实力，但他大学毕业至解放后又参加工作到退休的二十多年的时间里，一个字的学术研究和写作也没有。这部仅有的篇幅不长的书稿，对儿女们来说，就显得弥足珍贵，出版这部书稿，也就成了我们姊弟魂牵梦绕的心愿。

获悉，中国书店出版社即将付印这部书稿，嘱书于后，是以记之。

萧淑贞　萧学哲

2012. 3. 22